目澤 MAGIC

あなたのゴルフが変わる新世代レッスン

Mezawa Hidenori
目澤秀憲

ゴルフダイジェスト社

構成／菅原大成
デザイン／スタジオパトリ
イラスト／コーチはじめ
写真／有原裕晶
協力／磯子カンツリークラブ
クレアゴルフフィールド

はじめに

２０２１年４月11日、松山英樹プロが日本人として、そしてアジア人としても初めて、ゴルフの４大メジャートーナメントのひとつ、「マスターズ」のチャンピオンになりました。前年の12月に、私が松山プロのコーチを引き受けることになってから、わずか４カ月。コーチとして、いつか「マスターズチャンピオンを生み出したい」という夢が現実になった瞬間でした。まさか、これほど早く実現するとは、正直思っていませんでしたが、コーチになるために自分が学んできたことや、コーチになってから積み重ねてきた経験、それに松山プロに伝えたことが「正しかった」と証明されたことは、このうえない喜びです。

元々、プロゴルファーを目指し、プレーヤーとしての「マスターズ優勝」が夢だった私が、コーチの道に進んだのは、正しい知識と経験があれば、プロ、アマチュアを問わず、世の中のたくさんのゴルファーの手助けができるということに気づいたからです。

詳細は本書のなかで説明しますが、コーチになる過程で私は、スウィングをよくするために、「スウィングのことだけ」考えても上手くいかないことを知りました。ゴルファーが100人いれば、身長や体つきはバラバラですし、筋肉の強さや関節の可動域などもひとりひとり違います。スウィング作りは、そうした個人差から生まれる「体の動かし方の違い」も考慮に入れないと、決してその人にとっての理想のスウィングにはならないのです。

従来のレッスンは、「理想のスウィングはひとつ」という前提に立ちすぎていたような気がします。それで、ひとつのスウィングモデルを万人に、なかば「押し付けて」いるような部分がありました。今、私は、ゴルファーが100人いれば、100通りのスウィングがあって当然だと考えています。また、ある人にとってはメリットとなる動きであっても、別の人にとってはデメリットとなり得るということを知っています。「スウィングはひとつじゃなくていい」。これが、私が本書を通じて、多くのゴルファーの皆さんに、もっとも伝えたいことのひとつです。

また、本書では、これまでレッスンの世界でややおろそかになってきた「体の動きの個人差」の部分について、その具体例と、それがスウィングにどう影響を及ぼすかを、できるだけ平易に示しました。もちろん、これはほんの「入り口」の部分でしかないのですが、これまで上手くいかなかった原因が、もしかしたら「体のクセ」にあるのではないかということに気づき、そこから自分の体と向き合ってもらうきっかけになれば幸いです。

コーチの仕事は、インプットが「10」だとすれば、アウトプットは「1」か「2」であるべきだと、私は思います。つまり、スウィングと体、それにマネジメントやメンタルなど、ゴルフに関するありとあらゆることについて、可能な限り頭に入れておいて、プレーヤーに対しては、そのなかから本当に必要なことだけ、ひとつかふたつアドバイスするのがいいということです。ですから、この本を手に取ってくださった皆さんも、本書の内容をすべて頭に入れようとか、すべて実践しようとする必要はありません。効率的なスウィングがどういうものか、それにはどんな体の動きが必要か、その つながりをイメージしながら読み進めていただき、自分に関係の深いと思われる部分だけ、とりあえず一度試してみてください。そこで「はっ」として、上達につながれば最高ですが、もし、すぐには「ピン」とこなくても、そこからさらに深く考察するための「道しるべ」にはなると思います。

たくさんのアマチュアゴルファーを指導し、多くのトッププロゴルファーと関わった経験から、ひとつだけ確実に言えることは、上達の第1歩は「自分のスウィング」を知るということです。長所も短所も認めたうえで、できるだけ長所を伸ばし、短所を補っていくことが、スコアアップにつながります。本書には、そのためのヒントをできるだけ多く集めました。ぜひ、本書を活用して、「自分だけのスウィング作り」にトライしてみてください。

ゴルフコーチ　目澤秀憲

目次

第2章

新世代レッスンの考え方

理想のスウィングはひとつではない

第3章 自分だけのスウィングを作り上げる

ロジカル思考が重要

第4章 スコアをよくするための戦略を考える

大切なのは目標設定

第1章

プロコーチになった理由

ゴルファーをサポートするコーチの役目

プロゴルファーを目指していた目澤秀憲。
「目からウロコ」と衝撃を受けた『TPI』のメソッドに出合い、
自分も悩んでいるゴルファーの手助けをしたいと考え、
コーチの道へ――

タイガーのマスターズ優勝がプロを目指すきっかけ

私が最初にクラブを握ったのは、たしか5歳くらいのときだったと思います。こう書くと、まるで小さいときからゴルフの英才教育を受けていたような印象を持たれるかもしれませんが、実際のところは、ゴルフ好きの父が練習場に行くのについていって、「ちょっと真似してみた」程度のものでした。その後も、時々ボールを打つことはありましたが、あくまでも「子どもの遊び」の延長線という感じで、とくに真剣に取り組んでいたわけではなかったのです。

困るのは、プロフィールを提出しなければいけない場面になったときに、この時期を自分の「ゴルフ歴」に含めていいものか、ということです。たとえば、「ゴルフを始めた年齢」の欄に、「5歳～」と書いている人のなかには、その頃から毎日練習場に通って、ジュニアの大会に出ている人もいるわけですから、それと比べると、とても自分が同じとは言えない。結局、学生時代（日本大学ゴルフ部）、ＪＧＡに提出した公式プロフィールの「ゴルフを始めた年齢」の欄は、ゴルフがいくらか楽しくなってきた「13歳〜」ということにしました。

それまで遊びの延長だったゴルフに、初めて「本気で」取り組もうと思ったのは、2005年、私が中学3年生のとき。この年、マスターズでタイガー・ウッズが、4度目の優勝。最終日の16番パー3で、タイガーがグリーンの外から「神業」としか思えないチップインバーディを決めた「あの」試合です。テレビで観ていた私は、タイガーのカッコよさにしびれまくって、試合終了直後から、「いつか自分もマスターズで優勝したい」と、本気で思うようになりました。

そのためには、今すぐ、もっと真剣にゴルフに取り組まなければならない。その週のうちに、家の近くの練習場（埼玉県所沢市の「クレアゴルフフィールド」）の、ゴルフスクールに入会しました。「クレア」のスクールを選んだのは、言ってみれば、本当に「たまたま」だったのですが、この練習場での様々な出会いが、その後のゴルフ人生を左右するとは……。このとき、この練習場のスクールを選んでいなかったら、現在のコーチとしての自分もなかったかもしれないと考えると、実は「運命」だったのかとも思います。タイガーのマスターズ優勝と、それに触発されたこのときの自分の行動、それが、私のゴルフ人生のスタートラインだったと言えるでしょう。

高校で全国レベルの高さを痛感

中学3年の残りの期間、「クレア」のスクールでの練習は継続しながら、進学について悩み、最終的に私は、ゴルフ部のある埼玉平成高校に進学しました。私が在学していた3年間、幸運なことに、ゴルフ部はずっと全国大会（全国高校ゴルフ選手権。通称「緑の甲子園」）に出場することができましたが、成績は団体、個人とも、思ったような結果が出ず、「全国」の層の厚さを、いやというほど思い知る3年間となりました。とくに、3年生で臨んだ、団体の部、第29回大会（平成20年度）では、団体で同地区の埼玉栄高校が優勝、埼玉平成は参加38校中、27位に終わりました。このとき、優勝した埼玉栄チームには、当時1年生で、後に男子ツアーで2年連続賞金王となる、今平周吾選手がいました。私は個人（個人の部、第52回大会）でも、177人中107位という、何とも不完全燃焼な順位。ちなみに、この年、個人優勝を果たしたのが、明徳義塾高校2年生だった松山英樹選手でした。後に彼のコーチとなり、自分自身の目標だった、「マスターズで優勝」を2人で実現することになるのですから、人生とはわからないものです。

とにかく、高校3年間で知った事実は、全国レベルの選手は「みんなメチャメチャ上手い」ということでした。埼玉平成は、全国大会に出場していたとはいえ、私個人の成績は振るわなかったですから、高校生のひとつの目標でもある、「日本ジュニアゴルフ選手権」への出場もかなわず、高校生として最高峰レベルのゴルフを、肌で感じるところまではいけなかったというのが実情です。

「波」があった日大ゴルフ部時代

打ちのめされたような気持ちと、それでも自分を奮い立たせる気持ちの両方を抱えて、大学は、日本大学に進学し、ゴルフ部に入部。結果から言えば、大学時代は大きな大会に参加することもでき、割と充実した4年間でした。ただ、ゴルフの調子にはとてつもない「波」があり、いいときもあったのですが、悪いときには果てしなくミスが続くというような感じで、これはスウィングを「変える必要がある」と、強く感じました。そこで、まず植村啓太プロ、その後、大学3年のときに、石井忍プロに教えを乞うことにしました。

先輩のスウィングを撮影して研究

私が入学した当時、日大ゴルフ部のレギュラー陣には、錚々たる面々がそろっていました。4年生に伊藤勇気さん、3年生に宇佐美祐樹さん、中西直人さん、2年生には、大槻智春さん、小平智さん、同学年の1年生には伊藤涼太。全員、後にプロ転向する猛者ぞろいです。ちなみに、後輩には堀川未来夢や、黒宮幹仁（プロコーチ）などがいました。私は、1年生のときから、なるべく積極的に先輩たちの近くで練習するようにして、暇さえあれば、そういう人たちのスウィングをデジカメで動画撮影していました。振り返ってみると、いろいろな人のスウィングを比較したり、研究したりということが、当時から好きだったんだと思います。ティーチングの世界に足を踏み入れてからも、とにかくいろいろな人の理論や、新しい研究、最新の機器など、すべてに興味を持って学びたくなる性格が、このときにはもう、培われていたのかもしれません。

そうやって撮影した先輩たちのスウィングと、自分のスウィングを見比べながら、日々練習に明け暮れることになるのですが、これが大いなる苦悩の始まりでした。当時は、「スウィングプレーン理論」がもてはやされていた時代で、当然、私も後方からの映像で、ダウンスウィングのシャフトの入り方を入念にチェックして、私の問題点が、いわゆる「オンプレーン」の位置よりも下から（インサイドから）クラブが入って、フックが強くなってしまうことだというところまでは、突き止めました。それなら「オンプレーン」の状態にクラブをもっていけば万事上手くいくのかというと、これがそう簡単ではなかったのです。そもそも、なぜインサイドからクラブが下りるのか、原因がわかっていないので、直すにしても、切り返しで少し上から（外から）入れるようなイメージで下ろすくらいしか、やれることがない。今から考えると、スウィング的にまったくつじつまが合っていない、ただの「その場しのぎ」のやり方でしたが、当時の知識ではそれが精一杯。結局、たまたま「オンプレーン」になれば真っすぐ飛ぶけれど、確率はよくない。とても試合で通用するスウィングではなかったのです。

学生時代から、スウィングを動画撮影し、比較したり研究することが好きだった目澤。現在のコーチ業につながっているという

修正を繰り返してイップスに

動画で撮影をしたスウィングを見て、問題を引き起こす箇所を特定できたとしても、その「原因」がわからなければ、何をやったところで根本的な解決にはなりません。学生時代、自分自身の知識が圧倒的に不足していたことで、正しい対処法がわからず、試行錯誤的に試したことがたまたま上手くいっているときは調子が上向きで、そうでないときはすぐに不調に戻ってしまうということを繰り返すうちに、最終的にはクラブがスムーズに振れなくなり、「イップス」のような状態になってしまいました。大学3年生からは、石井忍プロにスウィングを見てもらっていたのですが、やはり自分の知識不足のせいもあり、コーチの指導もなかなか頭に入ってこなかったように思います。

当時は、ダウンスウィングで骨盤が前に出てしまうのが悩みでした。右の尻が浮く感じで骨盤（腰）が前に出ると、クラブが寝るのでドローがきつくなってしまう。それがわかっているから、試合で、左が危ないときにどうしても勝負にいけないということまで自覚していました。ただ、どんなに練習しても、どんなトレーニングをしても、「骨盤が前に出る」というクセが直ることはありませんでした。「逆ループ」で何とかオンプレーンに下ろそうとしても上手くいかず、頭だけ強く残して、手先で打つようなスウィングになっていたので、とにかく「チーピン」が多かった。その頃、相変わらず、最初にスクールに入った「クレアゴルフフィールド」で練習していたのですが、いちばん左端の打席で打っていて、よく左のネットにボールを当てていたのを思い出します。なぜ、やろうとしている動きができないのか。その答えがわかるのは、もう少し後のことです。

「自分のスウィングを動画撮影することによって、クラブがインサイドから入ってしまうことには気づいていました。でも、その原因と解決策が当時はわからなかった。素人的発想で、外から入れる動きになるよう意識したりしていました」（目澤）

なじみの練習場で「運命の扉」が開いた

中学生の頃から通っていた練習場、「クレアゴルフフィールド」では、重要な2人の人物との出会いがありました。ひとりは、堀越良和プロ。堀越プロは、「クレア」に所属しているわけではなく、自分の練習やレッスンのためによく訪れている方で、練習場のスタッフとも親交があり、私も、スクール時代からずっと目をかけてもらっていました。もうひとりは、当時、「クレア」専属のフィジカルトレーナーで、現在は支配人の、本多広一郎さん。本多さんは、体の構造や動きにとても詳しく、普段、ただ話しているだけで、勉強になることが多い人物です。その2人から、あるとき、『TPI』という耳慣れない言葉を聞くことになります。私のゴルフ人生が、大きく動き出した瞬間です。

『TPI』というのは、「タイトリスト・パフォーマンス研究所」（Titleist Performance Institute）の略で、世界的ゴルフメーカーである「タイトリスト」が所有する研究施設のことです。この研究施設には、長年にわたり、米ＰＧＡツアーのプロたちが、スウィングのチェックやトレーニング、クラブの調整などのために訪れています。その間に蓄積された膨大なデータをもとに、より科学的、合理的で、実効性が高いインストラクション（レッスン）を提供するために生み出されたのが、「ＴＰＩゴルフフィットネスインストラクタープログラム」で、今では、アメリカをはじめ、ヨーロッパ、アジアなど世界各国でセミナーが開かれ、講習を受け、理論を習得すると『ＴＰＩ』公認インストラクターの資格が得られるシステムができあがっています。日本で、最初に『ＴＰＩ』のセミナーが開催されたのは、２０１３年の2月。私が大学4年生の冬で、間もなく卒業を控えていた時期のことです。堀越プロと本多さんは、この『ＴＰＩ』セミナーを受講しており、その理論をもとにした新しい指導をスタートさせていました。

画期的だった『ＴＰＩ』理論

最初に堀越プロや本多さんから、『ＴＰＩ』の理論について説明されたときには、正直に言って、何を言っているのかよくわからなかったのですが、何回か説明されるうちに、「これはこれまでにない画期的な理論かもしれない！」と思うようになりました。大学卒業後、２人に勧められて、その年の秋に開催されたセミナーに３人で参加。そこで教わったことは、それまで自分が知っていたこととはすべてが違っていて、人生で一番というほど衝撃を受けました。はっきりしていることは、堀越プロと本多さんの２人がいなかったら、『ＴＰＩ』との出合いもなかったし、今の自分もなかったということです。

『ＴＰＩ』を深く知るため米国留学

２０１３年の秋に、初めて『ＴＰＩ』のセミナーを受講したことで、文字通りすべてが変わりました。何がそれほどすごいのか、それを端的に表すとしたら、私が長年悩んできた「骨盤が前に出るクセ」が、その日、たった１日の講習で、ほぼ直る見込みが出てきたことに集約されます。セミナーを担当した、『ＴＰＩ』ヘッドコーチの、デーブ・フィリップス氏は、それまで誰からも聞いたことがないポイントを指摘し、誰からも聞いたことがないやり方で、私のクセを修正するヒントをくれました。詳しい内容については次章で述べますが、そこから冬の間、とにかくデーブの言うとおりに練習したら、翌14年の5月ころにはクセは消え、「イップス」症状もすっかり直っていました。そのおかげで、6月に出場した「埼玉県オープン」でも、割と好成績を収めることができたのですが、成績よりも、スウィングに不安なくプレーできたことのほうが大きかった気がします。それまで、あれほど苦しんでいたのに、「今まで一体何をしてきたんだろう」と愕然《がくぜん》とするほどの衝撃。「目からウロコ」というのは、まさにこのことだと思いました。この経験がなかったら、後に「コーチ」という職業を選ぶことはなかったと思います。

ゴルファーの手助けをしたい

『TPI』のすごさを、身をもって実感したことで、もっと深いところまで知りたいという欲求がどんどん強くなっていきました。ひとつだけ問題だったのは、『TPI』のセミナーは、基本的に英語で行われるということでした。当時は、ほとんど英語を話すことができなかったので、最初のセミナーでも、実は半分くらいしか理解できていなかった。それならまずは「英語を勉強しよう」ということで、その年の9月から半年間、アメリカに語学留学することを決めました。留学中も、『TPI』のセミナーをオンラインで受講したり、実際に参加したりして、さらに知識を深めました。ヘッドコーチのデーブとは、あちこちのセミナーで顔を合わせたので、おそらく向こうも私のことを認識していると思います。コーチ業をスタートさせてからは、彼とは会っていませんが、もし今会うことがあれば、「ありがとう」と伝えたいと思っています。彼のアドバイスによって、スウィングの悩みが消えたという実体験を得たことによって、自分も悩んでいるゴルファーの手助けをしてみたい、プレーヤーとしてだけでなく、そういう選択肢もあるということに気づいたからです。

帰国してレッスン活動スタート

２０１５年の３月、半年間の語学留学を終えて帰国後、韓国で開催された『ＴＰＩ』セミナーに参加して、「レベル２」インストラクターの資格を得たのをきっかけに、ゴルフコーチとしてのキャリアをスタートさせました。ちなみに、「ＴＰＩ」には、ゴルフ全般を教えられる、「ゴルフ」というベーシックカテゴリーがあり、「レベル１」から「レベル３」までの段階があります。そのほかに、ジュニアを教えるための「ジュニア」のカテゴリー、飛ばしのパワーに特化した「パワー」のカテゴリーがあり、私は最終的に、「ゴルフ」、「ジュニア」の「レベル３」まで取得することができました。

コーチ業のスタートは、学生時代にスウィングを見てもらっていた、石井忍プロが運営する、「エースゴルフクラブ」（千葉市）でのインストラクターの仕事でした。１日に9〜10人くらい、週に4〜5日くらい教えていましたので、月換算で延べ１５０人以上、実質45人程度のレッスンを担当しました。このときに学んだのは、45人の生徒に対して、少なくとも45通りの処方箋が必要だということです。これがのちにとても役立ちました。ゴルファーはひとりひとり、体格や筋力、関節の可動域などが違うので、ひとつの「同じスウィング」を押し付けるのは、最初から無理があります。また、最初に「これが最適」と思って提示したやり方でも、その人に効果が出なければ、躊躇《ちゅうちょ》なく引っ込めて、次のやり方を提示しないといけない。私のコーチングの基礎は、このときに培われたと思います。

『ＴＰＩ』では、アマチュアに起こりがちな重大なスウィングのエラー（間違い）を、「ビッグ12（トゥエルブ）」というふうに分類していますが、それを「必ず直すように」とは教えていません。というのは、一般的にデメリットが多い動きであっても、スウィングのなかでそれがきちんと生かされていれば、むしろ長所に変換できることがよくあるからです。実際、PGAツアーのトッププレーヤーのなかにも、「ビッグ12」の動きを内包したスウィングで活躍している選手が何人もいます。

また、コーチ業は「サービス業」だということも、このときに学びました。コーチとして、自分の意見をはっきりと伝えることは大事ですが、伝え方によっては気分を害してしまう人もいるということを知りました。ただ、ここでたくさんのアマチュアを指導する機会を得られたのは、その後コーチとしてやっていくうえで、非常に重要な経験だったと思います。そういう機会を与えてくださった、石井プロにもとても感謝しています。

目澤が「目からウロコだった」という『TPI』のメソッド。世界各国でセミナーが開催され、目澤も実際に参加したり、オンラインで受講。より深く知識を得るために英語を学び、「レベル3」まで取得した

プレーヤーかコーチか葛藤の末にコーチを選択

『TPI』に出合ったことで、「このやり方で選手を育てたら、すごく早く一流の選手にできるんじゃないか」という考えが浮かびました。デビッド・レッドベターとか、ジム・マクリーンとか、世界的に知名度の高いコーチはまだ日本からは出ていない。それに、若いうちから活躍しているコーチというのも、多くはいなかったので、『TPI』の理論を駆使して、それを広める形でコーチになれたら、「ビジネス的にも面白いかも」という気持ちはありました。

一方で、プレーヤーとして成功する道も、まだあきらめたわけではありませんでした。そもそも、『TPI』のセミナーを受講したのは、「プレーヤーとして成長したい」と思ってのことでしたし、実際に受けてみたら、自分自身が最初にその恩恵を受けることになり、これなら、「ここからまだ上達できる」という手応えはあったのです。2015年にプロテストを受験しますが、「骨盤が前に出るクセ」の呪縛から逃れて、調子は悪くなかったと思います。むしろ、すこぶる調子はよくて、最終プロテストまで進むことができ、3日目までは合格圏内に。ところが、最終日にスコアを崩してしまい、残念ながら不合格となってしまいました。最終日のプレッシャーなのか、それとも技術的にまだ未熟だったからなのか、自分のこととなるとはっきりとはわかりませんが、プレーヤーよりコーチのほうにグッと気持ちが傾いたのは、このときだったと思います。

日本の場合、というよりアメリカでもヨーロッパでもそうですが、どんなに理論武装していても、「実績」のないコーチは、なかなかトッププレーヤーを教えることはできません。そこで、「エースゴルフクラブ」でアマチュアを教えるのと並行して、プロのコーチになる道を模索しました。最初は、日大ゴルフ部の同級生と、とある女子プロのコーチをかって出て、そこから伊藤誠道プロ、先輩の宇佐美祐樹プロをコーチするようになります。そして、2018年シーズンからは、河本結プロのコーチを引き受けることになりました。その年、河本プロはステップ・アップ・ツアーで4勝して賞金女王になり、翌年、LPGAツアーに昇格して、初年度で初優勝（アクサレディス）を達成します。

そのおかげで、「コーチ・目澤」にも、少しずつ注目が集まるようになり、その後、永峰咲希プロや、有村智恵プロなどもコーチすることになるわけです。

現在は、男子の宇佐美祐樹や伊藤誠道、女子の有村智恵、河本結、永峰咲希などをコーチ。さらにはトップアマから、100を打つアマチュアまで、様々なレベルのゴルファーを目澤は見ている

プロコーチとしての実績を積むなか、松山英樹から声がかかる

アマチュアを教えるのと、プロを教えるのとでは、まったく別の難しさがあります。アマチュアの場合は、「どう振ればいいかわからない」ことがほとんどなので、スウィングの手順を教えるのがメインの作業です。大抵のアマチュアは、こちらのいうことをきちんとやってくれるので、結果が出なければ、臨機応変にやり方を変えてあげなければいけない。それに、コーチの言うとおりにやっていて結果が出ないのであれば、それは「コーチのせい」と思われて当然なので、そういう意味でのプレッシャーはあります。

一方、プロの場合は、どう振ればいいかもわかっているし、大抵の場合は自分の欠点もわかっていて、「自覚しているけど上手くできない部分」の改善を、コーチに期待しています。コーチに求められるのは、原因を突き止める「目」となる知識と、動きの改善に必要なアイデアが詰まった「引き出し」の数。プロの場合、アマチュアと

違って、こちらが提案したことをそのままやってくれるとは限りません。納得できなければ、「試してみる」ことすら拒否されることもあります。そういうときに、どう説明したら納得してもらえるか、あるいはいかに素早く、複数の「オプション」を提示できるかが、コーチの腕の見せ所というわけです。

松山と初めて正式に対面

そうやって4〜5年くらい、アマチュアとプロの両方をコーチする経験を積んだところで、元々、米LPGAツアーでプレーしたいという気持ちが強かった、河本結プロに帯同する形で、訪米する機会が何度かありました。

2020年10月、「全米女子プロゴルフ選手権」に出場するために、河本プロとアメリカを訪れた際、夜、突然携帯電話が鳴りました。相手は、松山英樹プロに帯同するツアーレップ（メーカーの担当者）の、宮野敏一さん。面識はありましたが、アメリカ滞在中に連絡を取り合うことはまずないので、「何だろう」と思って出てみると、「松山選手が、目澤さんに一度、会って話をしたいと言っている」とのこと。少しの間、唖然《あぜん》としましたが、それならと即断して、アメリカ滞在を1週間延長し、「全米女子プロ」の翌週開催されたPGAツアーの「CJカップ」の会場に足を運びました。そこには、初めて正式に対面する松山英樹プロがいました。

短いセッションで「チーム松山」の一員に

米PGAツアー、「CJカップ」の会場で対面した、松山英樹プロ。不完全燃焼で終わった高校ゴルフ、その最後の大会で個人優勝したのが、1年後輩の松山選手でした。彼は、その後一気に有名選手になったので、私はもちろん彼のことを知っていましたが、彼のほうはどうだったのか。一応、1学年上に「目澤秀憲」という選手がいるということは、学生時代から認識していたようです。対面した2020年10月時点で、彼は3シーズンも優勝から遠ざかっていました。その間に、ブッチ・ハーモンや、ピート・コーウェンなどといった、有名外国人コーチにもスウィングを見てもらったこともありましたが、最終的に「言葉の壁」が邪魔して、本当に「かゆいところに手が届く」という感じにはならなかったとのことでした。

練習場で、早速セッションに入り、まずは彼自身がどういうスウィングがしたいのか聞きました。彼くらいのスウィングセンスがあると、自分でやりたい動きはほとんど再現できるはずですが、それでも上手くいかないことはあります。上手くいかない原因として考えられることを説明し、動きの修正のためにその場でいくつかアドバイスをしました。結果的に、この短いセッションで、彼の信頼を得ることができ、後日、正式に「チーム松山」の一員となることが決まったのです。

タッグを組んで「マスターズ優勝」の夢を実現！

とはいえ、2020年といえば、世の中は「新型コロナウイルス（COVID－19）」まん延の最中ですから、渡米するのも簡単ではなく、実際に対面でセッションができたのは、松山プロが一時帰国した12月に入ってから。年が明けて、彼が再び渡米すると、1月はほとんどオンラインでのやり取りになりました。松山プロは、スウィングのあらゆる面に関して、自分なりの答えを持っているので、「こういうふうに振れたら、このくらいの結果が出る」という明確なビジョンがあります。ところが、目指すべきスウィングが見えているのに、そのスウィングに到達しないというところに歯がゆさを感じていた。コーチとして、その部分にフォーカスして、思い通りのスウィングができるように手助けできればと思っていたのですが、正直、オンラインでは限界がありました。

それでも、彼自身が2019年から取り組んでいたスウィング改造の成果に加えて、私がチームに合流してからのアドバイスも少しずつ効果を発揮する形で、ハワイ（ソニーオープンinハワイ）の時点では、試合中の写真を見る限り、かなりショットはよくなっていました。結果的に、彼自身が元々持っていた「調子が悪くてもどうにかできる力」を、技術的に底上げできていたのではないかと思います。

松山プロはやや「完璧主義」的な部分があるので、コースコンディションが厳しくて、フィールド全体のショットの結果が悪いときでも、自分自身のショットだけの評価から、感覚的に調子がよくないと判断してしまうこともあります。そういうときに、PGAツアーが提供している、プレーヤーごとのスタッツ（データ）や、トーナメント全体のスタッツを共有しながら、やろうとしていることとやれていることが実はちゃんと合致しているんだということを、納得してもらうという作業も必要になってきます。そういった「意識」の部分も含めて、いいところを引き上げて、不足している部分をリカバリーしていくことは、コーチとして、どんなプレーヤーに対しても大事なことだと思っています。

そして4月、その瞬間は唐突に訪れました。日本人どころか、アジア人で初めての「マスターズ制覇」。それを、松山プロがやってのけたのです。中学生のとき、タイガーの優勝シーンをテレビで観て、「いつか自分もマスターズで優勝したい」という夢を抱きましたが、コーチに専念すると決めてからは、「いつか自分の教える選手をマスターズで優勝させたい」が、新しい夢になりました。それがまさか、こんなに早く実現するとは……。もちろんこれは、いろいろな人との「縁」で実現したことで、自分自身すごくラッキーだと思っています。この経験を生かし、さらなるメジャー優勝者を生み出せるように、今後も努力していきたいと思っています。

「松山プロが、普段、練習でやっていることは、意外と地味なことです。それを続けられるところが松山プロのすごいところだと思います。私が考えていることを伝えたり、逆に松山プロが思っていることを私が聞いたりして、どこに落とし所を持ってくるか考えます。そのうえでどういう練習がいいか、をディスカッションして決めていくのです」

第2章

新世代レッスンの考え方

理想のスウィングはひとつではない

上手くクラブを振れない原因は、人それぞれ。
その人のスウィングの問題は、どこにあるのか。
まずは、そこを見極めて、対処法を提案するのが、
新世代のレッスン

「できないこと」をやろうとしていませんか？

重いものを持つには、一定の筋力が必要です。たとえば、30kgのバーベルを床から持ち上げられる人と、持ち上げられない人では、筋肉の量と強さに違いがあるということは明白でしょう。では、持ち上げられない人は一生、持ち上げられないままかというとそうではなく、適切なトレーニングを行って、必要な筋力をつけることによって、持ち上げることができるようになります。また、体操選手のように、両足を180度開脚できる人と、そうでない人の間には、「柔軟性」や、「関節の可動域」に違いがあります。普通の人が「開脚したい」と思ったら、地道にストレッチから始めるしかないわけです。これを、ゴルフのスウィングに置き換えて考えてみましょう。

普通のアマチュアに、「プロみたいに」スウィングするように言っても、すぐにできる人はほとんどいないと思います。では、どうすればできるようになるのか。従来のレッスンでは、正しい動きの「反復練習」によって、「体に覚えさせる」という手法が圧倒的に多かったのではないでしょうか。わかりやすい例でいうと、アウトサイドイン軌道のスライサーに、ずっと「インから下ろせ」と言い続けるといった感じです。教えているほうも、教わっているほうも、ひたすらやり続けていれば、いつかできるようになると信じているところが、この構図の悲劇的なところで、実際は、どれだけ真面目に練習しても、あまり変化がないか、一時的に改善しても、気を抜くとすぐ元に戻ってしまうということが大半だと思います。

バーベルや、開脚の例でも明らかなように、特定の運動にはそのための体の準備が欠かせません。逆の見方をすれば、体の準備ができていないうちは、どう頑張っても「意図する動き」は達成できないとも言えるでしょう。しかし、ゴルフのレッスンにおいては、これまでこの「体の準備」の部分がおろそかになっていたように感じます。「○○打法」のような、特定の〝流派〟みたいなものがあって、プロでもアマチュアでも同じやり方、同じ動きをあてはめることで上達を目指すのが「普通」でした。

もちろん、そのやり方で上手くいく人はいいのですが、上手くいかない人は、また別の〝流派〟を探さなければいけなかった。こう書くと、ゴルフの上達が、ひどく遠回りな印象を受ける人が多いはずです。クラブを上手く振れない原因は、人それぞれです。その人の問題がどこにあるのか、まず見極めたうえで、その人にとって必要な対処法を提案するというのが、本来のレッスンのあり方だと思います。「同じやり方」は、人によっては「できないこと」の場合もあるということなのです。

頑固な「クセ」が1回の講習で直った衝撃

前述したように、プレーヤー時代の私には、ダウンスウィング時に腰が前に出て、クラブが寝て入るという頑固な悪癖がありました。元々ドロー系のスウィングだったので、シャフトが寝るとすぐに「チーピン」が出てしまい、それが怖くて、左にトラブルがあるホールでは思い切ったスウィングができなかったのです。動画で撮影した自分のスウィングを見れば、「腰が前に出る」のが問題だということはわかるのですが、どんなに練習しても、どんなにトレーニングしても、一向に直らない。そこで、わざとアウトサイドインに振るようなイメージで、何とかクラブの動きだけ整えるようにして、ごまかしながらプレーしていたのです。

それが劇的に改善するきっかけが、『TPI』でした。最初に『TPI』のセミナーに参加したとき、ヘッドコーチのデーブは私のクセをすぐに見抜いただけでなく、

「右の骨盤の傾斜が弱い」と、その根本原因まで看破してみせました。といっても、それまではそもそも骨盤の動きを意識したことがなかったので、「右の骨盤」と言われても、「どの部分のこと?」という感じでしたし、骨盤が左右で別々に動くということも、当時は知らなかったので、ただデーブが言うことを、何とか理解しようと必死だったのを覚えています。ですが、ひとつだけ確かなことは、その場のたった1回のセッションで、「これなら腰を前に出さずに振れる」という手応えを得たということです。このときはまだ、頭の中は「?」の部分が多かったのですが、この経験は自分のゴルフ人生の中でも、最大級にインパクトのある出来事だったのです。

「尻を突き出して構える」という〝常識〟が間違っていた

私が受けた、『TPI』セミナーのヘッドコーチ、デーブが指摘した「右の骨盤傾斜が弱い」というのはどういうことか、もう少し詳しく説明したいと思います。アドレスで、上体を倒して「前傾」する際に、骨盤を前傾させて構える人が多いですが、デーブがこのとき言っていたのはそれと逆で、もっと「後傾」させないといけないということでした。かつて、「股関節打法」という理論が流行したのを覚えている人もいると思いますが、この理論の特徴のひとつは、尻をプリッと後ろに突き出すような感じで、背中の下の部分（腰椎）を反らせて構えるアドレスでした。当時の私は、これに近い構え方をしていたので、必要以上に骨盤が前傾していたのです。骨盤が前傾して、腰が反ったままだと、ダウンスウィングで上体が起き上がりやすいので、どうしても腰が前に出てしまいます。デーブは、まずアドレスを修正して、切り返しのときに背中を丸めるようにしながら、右の骨盤を後傾側に動かすことを意識するように言いました。その状態で回転すると、確かに腰が前に出ない。それまでとはまったく違う「手法」に、まさに「目からウロコ」状態でした。

骨盤の傾きを直したら体の動きも変わった！

背中を反らせる構え方で、必要以上に骨盤を前傾させていたので、ダウンスウィングで上体が起き上がりやすかった（写真上）。背中を丸めるように骨盤を後傾側に動かすことで、腰が前に出ない動きになった（写真下）

問題の「所在地」をはっきりさせることが重要

私とデーブとのやり取りでわかることは、「問題のあるスウィングの原因が、必ずしもスウィングそのものにあるとは限らない」ということです。私が抱えていた、「腰（骨盤）が前に出るクセ」は、スウィング中に（右の）骨盤が前傾しすぎていることが問題で、ひいてはその動きを誘発する、腰（骨盤）を反らせたアドレスに根本原因がありました。スウィングの動きのなかだけで、いくら「骨盤を前に出さないように」と頑張っても、上手くいかないのは当然だったということです。ところで、『TPI』では、当時の私のように尻を突き出し、腰椎を反らせて構えるのを、「S字姿勢」（S－ポスチャー）といって、代表的な「悪いアドレス」のひとつに分類しています。ですが、日本ではむしろ「正しいアドレス」とされていた時代が長く、今でもそうやって構えるアマチュアはとても多いです。

私自身、骨盤が前に出るという部分はどうしても直せなかったので、それによって起こる「シャフトが寝て下りる」という部分を、あえてクラブを外から下ろすという、付け焼き刃的な手法で相殺しようとしていました。もちろん、それだと問題の根本解決にはならないことを自覚していましたが、ほかのやり方を知らなかったのでどうすることもできなかったのです。私がこのとき感じていたジレンマは、現在、多くのアマチュアが抱えていることとまったく同じだと思います。

たとえば、スライスで悩んでいる人の多くは、クラブを「インから下ろそう」と練習しているはずですが、なかなか上手くいかない。軌道がアウトサイドインになっているのは、単なる「現象」であって、大事なのは、なぜアウトサイドインに振ってしまうのかという「原因」のほうにあります。そして、多くの場合、その原因は、体の準備が整っていないこと、つまり、柔軟性や関節の可動域、筋力が不足していることにあるのです。私は、『TPI』に出合ったことで、問題の「所在地」ともいえる、ミスの根本原因を知ることができ、それを克服するためのトレーニングを積んだことで、不安のないスウィングを手にすることができました。

これは、私に何か特別な才能があったからではなく、ただやり方が正しかったというだけのことなのです。

『TPI』のレッスンは「スクリーニングテスト」から始まる

たとえば、「アウトサイドイン軌道」という現象ひとつとっても、その原因は人によって様々ですが、多くの場合、体の状態に問題があるというのが事実です。そこで、『TPI』のメソッドでは、最初に「スクリーニングテスト」という、スウィングに必要な体の各部の動きをチェックするセッションを行い、その後でスウィングの指導をするという手順になっています。実際、体の状態をチェックするだけで、その人のスウィングの傾向が何となくわかってきます。股関節の動き（回旋）がよくない人は、テークバックやダウンスウィングで腰が横方向にスライドする、いわゆる「スウェイ」になりやすいとか、肩甲骨を背骨に引き寄せるような動きが苦手な（広背筋の動きが悪い）人は、トップが浅くなったり、フォローでクラブを左に振れずに、左ひじが曲がった状態になりやすいといった具合です。

スクリーニングを行ったうえで、実際にスウィングを見て、テストの結果を反映する部分に問題があるとすれば、その部分の動きを改善することで、スウィングの問題も解消するケースが多いです。

逆に、スウィングの問題点から逆算する形で、動きが悪いであろう箇所が特定できることもあります。そういう場合、改めてその箇所を重点的にスクリーニングしてみると、やっぱり動きがよくなかったということが多いのです。

このように、「スクリーニングテスト」は、『ＴＰＩ』のメソッドにおいて、一番重要な位置付けにあります。

また、「スクリーニングテスト」のすごいところは、「テスト」でありながら、それ自体が「トレーニング」にもなるというところです。つまり、動きが悪いと判定されたテストを、毎日反復すると、次第に動きがよくなっていくということです。

次ページから、「スクリーニングテスト」の内容を、簡単に紹介していきます。ぜひ、試してみて、自分の体がどのくらい動くのか、あるいは「動かないのか」、チェックしてみてください。もしかしたら、スクリーニングの動きだけで、何かしらスウィングのヒントをつかめるかもしれません。

「スクリーニングテスト」で体の動きをチェックしてみよう

『TPI』のスクリーニングテストは、全部で16種類あります。数が多いように感じるかもしれませんが、慣れると6~7分で、すべて行うことができるようになります。すべてのテスト動作は、スウィング中の動きと関連がありますので、それを想像しながらやってみてください。

☑ 肩の動く範囲

❶ 90／90テスト

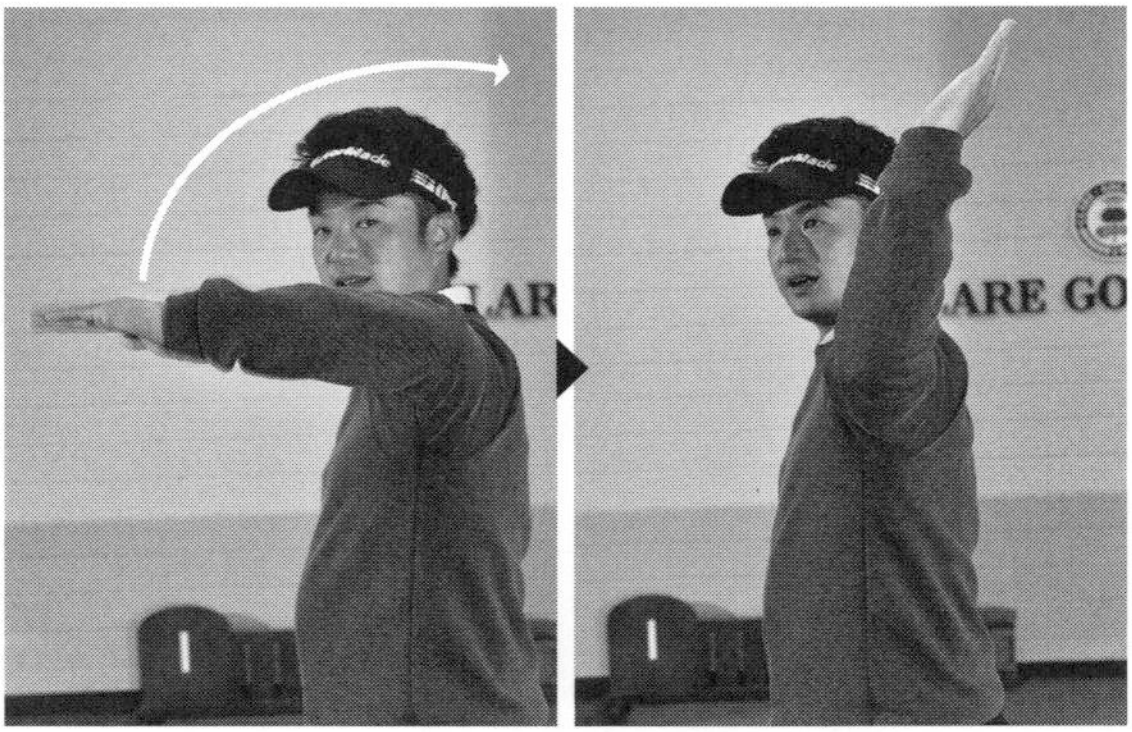

スウィングアークの大きさに影響する肩甲骨の動き

これは肩の回旋範囲をチェックするテストです。最初に直立し、両腕を水平に開きます。さらに、前腕を水平にしたまま、ひじを90度曲げます。そこから、ひじを支点に、前腕を背中方向に回転させて、どこまで回るかを見ます。体幹より背中側まで回転するのが平均的な可動範囲で、体幹と平行、あるいは体幹より胸側までしか回転しない場合は、肩の動きに制限があるということになります。続いて、同じ動きを、ミドルアイアンのアドレス程度に前傾した状態で行います。直立時と差がある（回旋範囲が小さくなる）ようなら、肩甲骨周辺の筋肉の動きに制限があります。これは、トップやフィニッシュでのクラブ位置に関係のある部位。両腕でテストしてみてください。

☑ お尻まわりの強さ

❷ 足伸展ブリッジテスト

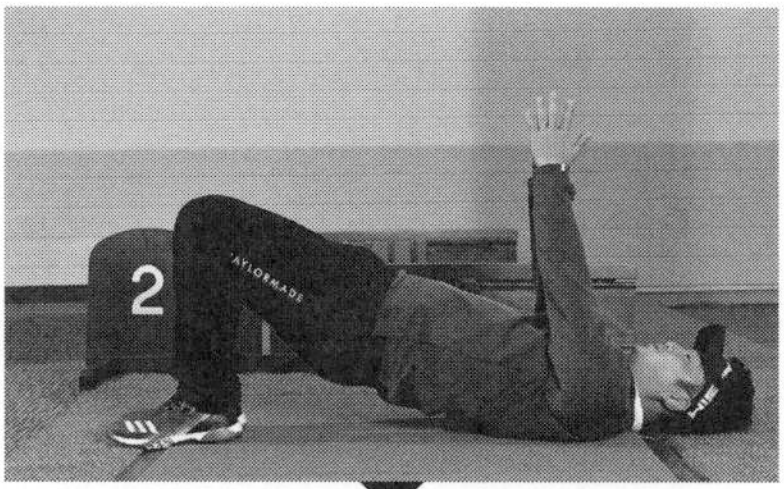

お尻を使ったスウィングが
できるかどうかわかる

このテストでは、体幹部や臀筋《でんきん》、ハムストリングス（ももの裏側）の強さをチェックします。まず、床に仰向けになり、両ひざを立てた状態で腰を浮かせ、両手を真上に上げます。ひざから下が垂直になっていること、腹から前ももまでが真っすぐになっていることを確認してください。この状態から片足を伸ばして真っすぐにし、10秒間保持します。腰が左右に傾いて斜めになったり、体がグラグラするようなら、体幹部の筋力が弱いということになります。片足で体を支えられない場合は、上げていない足の側の臀筋やハムストリングスが弱いということです。

☑ 前腕の動く範囲

❸ 前腕回旋テスト

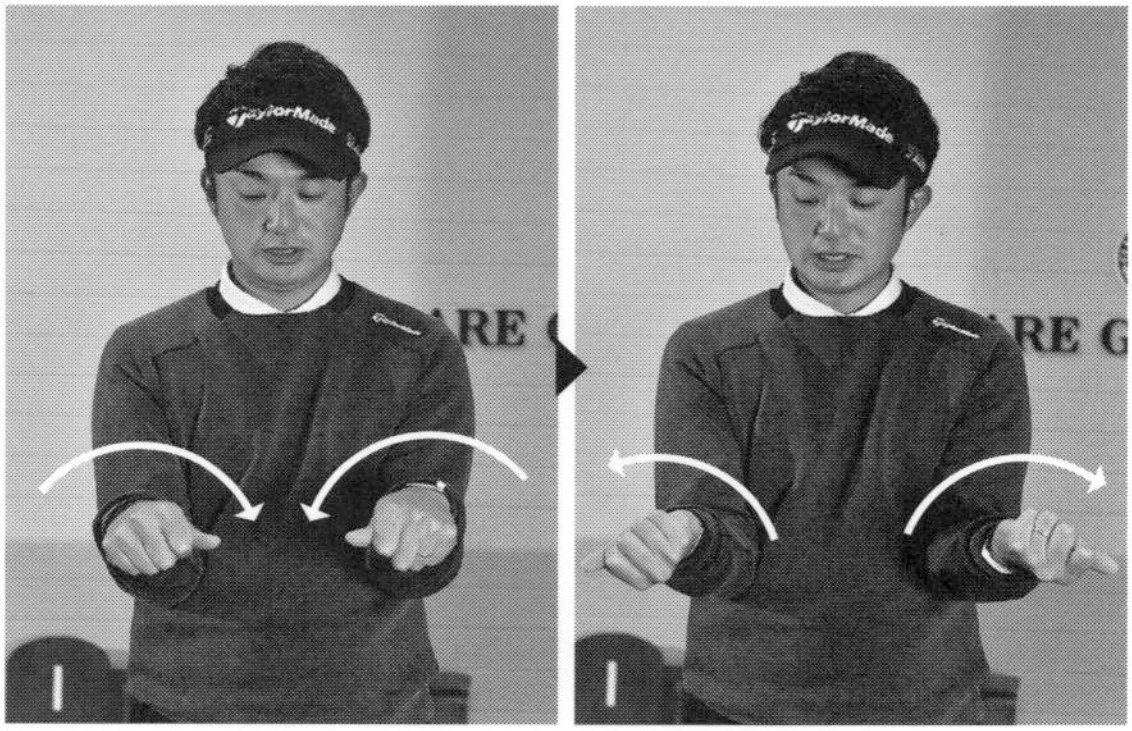

クラブをリリースする動きに影響する

このテストでは前腕の内旋、外旋の可動域をチェックします。真っすぐに立ち、ひじを90度曲げて両わきにつけた状態で、軽く拳を握り、両手の親指を立てて上に向けます。まず、親指を内側に倒す方向に腕を回し、内旋の可動域をチェックします。次に、親指を外側に倒す方向に腕を回し、外旋の可動域をチェックしてください。どちらも、少なくとも80度以上回旋することが必要です。前腕の内旋、外旋は、ダウンスウィングでクラブをリリースする動きに強く関連しています。

☑ 手首のタテの動き

❹ 手首ヒンジテスト

スウィング中のクラブ
ポジションに関係する

このテストでは手首の「ヒンジング」(hinging)、つまり手首が、親指側（橈骨側）と小指側（尺骨側）にどのくらい曲がるかをテストします。親指側へのヒンジングは、テークバックでのクラブポジションに、小指側へのヒンジングは、インパクトでのクラブポジションに関係があります。「前腕回旋テスト」と同じ姿勢をとり、親指側、小指側それぞれに手首を曲げます。親指側は20度くらい、小指側は30度くらい曲がるのが目安です。両手のひらが真っすぐ向き合うように、手首を真っすぐに保ったまま行うことで、正しくチェックできます。

☑ 首の可動域

❺ 頸部回旋テスト

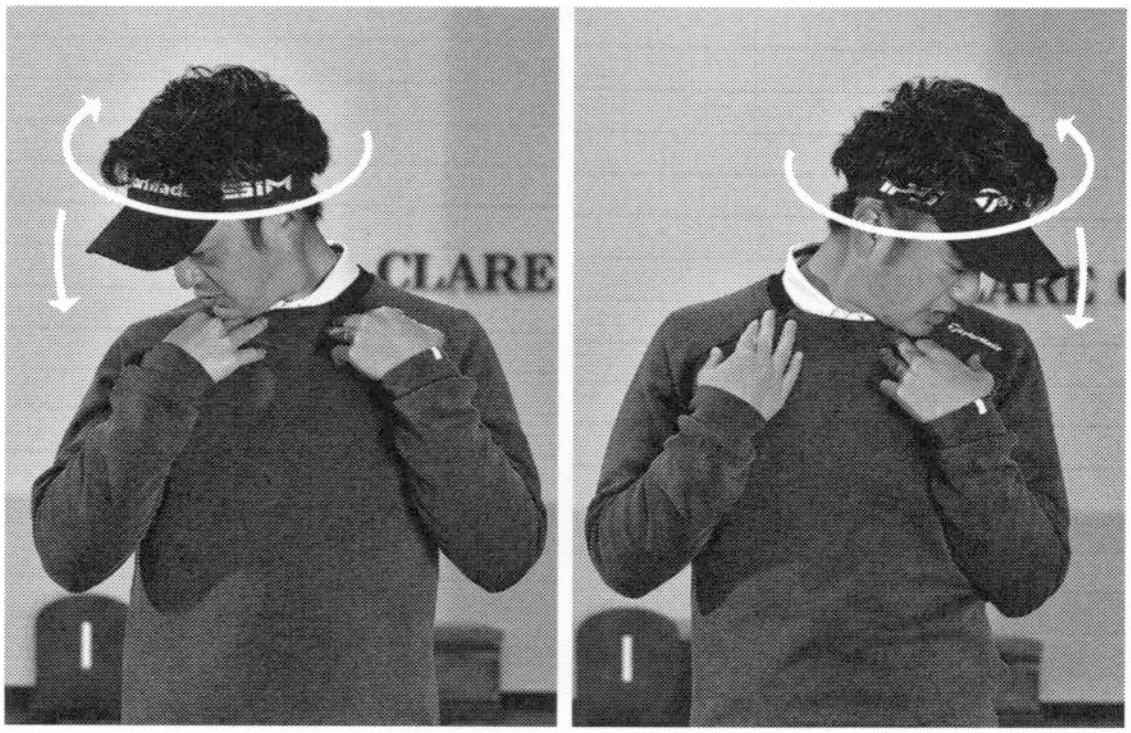

頭を残すスウィングがしやすいかどうかわかる

これは文字通り「頸部《けいぶ》」、つまり首の回旋範囲のチェックです。首の回旋は、一見スウィングと関係なさそうですが、首というのは実は、テークバックで左に70度程度、フォローでも右に70度程度回っています。したがって、首の回旋に制限があると、スムーズなスウィングの妨げになります。両足を閉じて、両つま先を真っすぐ前に向けて立ち、最初に首を右方向に回せるだけ回したら、あごが鎖骨に触れるまで首を倒します。テスト中はずっと口を閉じておいてください。首を倒す際、肩のほうを持ち上げたり、前に出したりしないようにしてください。左側も同様に行います。通常なら、左右どちらとも問題なく（痛みなく）、あごで鎖骨に触れることができるはずです。

☑背中まわりの柔軟性

❻ ラット（広背筋）テスト

上体のねん転、肩の回転に影響してくる

ラットテストの「ラット」（lat）とは、英語で「広背筋」を意味する、“latissimus dorsi muscle”の略です。このテストでは、広背筋による肩の可動域をチェックします。壁に背をつけ、いわゆる「空気椅子」の姿勢になり、腰の部分にクラブを挟んで固定します。クラブを挟むのは、腰がアーチ状に反らないようにするためで、腰が反るとクラブが落ちてしまうのですぐにわかります。この状態で両手を前に出し、親指を上にして真っすぐ上に上げます。壁につくまで上がれば最高ですが、（壁を0度として）120度より上に上がれば合格です。広背筋の動きが制限されていると、上体のねん転や肩の回転不足になりやすく、様々なスウィングの問題を引き起こします。

☑股関節まわりの動き

❼ 下肢回旋テスト

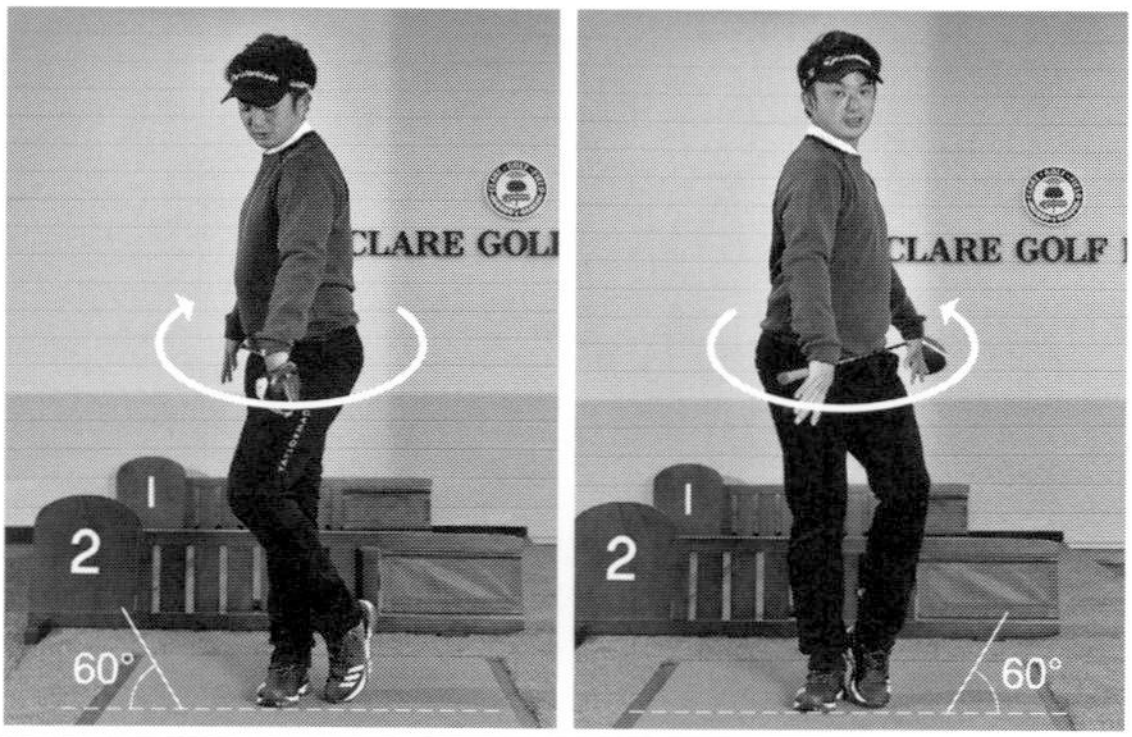

スウィング中の下半身の動きに影響

このテストでは、股関節、すね、足首の回転のしやすさをチェックします。下肢の回旋に制限があると、テークバックやフォロースルーの回転がスムーズでなくなり、スウェイなどを引き起こします。やり方はまず、2本のクラブを、地面に置いて60度の角度を作ります。60度の角度が体の右側にくるようにクラブを置いたら、まず左足を半歩引いてつま先立ちにし、ほとんど右足だけで立ちます。腰に別のクラブを当てて体を真っすぐにし、体を右に回してください。これで、右足の内旋のしやすさがわかります。腰のラインが地面の60度のラインを越えれば合格です。次に右足を引き、左足で立って、同じように体を右に回します。これは、左足の外旋のしやすさのテストです。右側が終わったら、体の左側に60度の角度ができるようにクラブを置き直し、同じ手順で今度は体を左に回します。これで、左足の内旋、右足の外旋のしやすさをチェックします。

☑股関節、足首の柔軟性

❽ オーバーヘッドディープスクワットテスト

下半身の安定、上体の前傾角キープに関わる

このテストでは、足首、ひざ、股関節、胸椎、肩の可動域と、体幹部の強さをチェックします。両足は肩幅に開き、つま先は真っすぐ前に向けてください。クラブを両手で持って、まず両ひじが90度（ひじが土踏まずの真上）になる位置で頭の上に持ち上げ、それから両ひじを伸ばします。この状態から、クラブを持ち上げたまま、スクワットの要領で深く沈み込みます。クラブを土踏まずの真上に保ったまま、かかとを浮かせずに、太ももが水平になるところまで沈み込めれば合格です。太ももが水平になるまで沈み込めなかった場合、クラブを持たずに、頭の後ろで５本の指先を合わせた状態でスクワットしてみてください。これで、深く沈み込めた場合、動きの悪い箇所は上半身にあります。どちらも深く沈み込めなかった場合は、足首の動きに制限があることがほとんどですので、さらに足首の可動域テストが必要になります。

☑ 骨盤の動く範囲

❾ 骨盤回旋テスト

下半身リードの振り方ができるかの目安になる

このテストは、骨盤を上半身と分離して動かせるかどうかをチェックします。この動きができないと、ダウンスウィングで、いわゆる「下半身リード」で振ることが難しかったり、上半身と下半身のねん転差を上手く作れなかったりします。やり方はまず、両手を胸の前で組んだ状態で、ミドルアイアンくらいのアドレス姿勢をとります。そこから、上体（ベルトから上）を動かさずに、骨盤（腰）だけを左右に回転させてください。肩や胸椎がつられて回ってしまったり、骨盤が回転ではなく、左右に動いてしまったりするのは、問題のある動きということになります。どうしても上半身が動いてしまう場合は、第２段階として、上半身を押さえてもらうなどして、動かない状態で骨盤を回します。これで骨盤を分離して動かせるようなら、胸椎の安定（スタビリティ）に問題があり、第２段階でもやはり上下が一緒に動いてしまう場合は、骨盤の動きに問題があるということになります。

☑上半身が動く範囲

⑩ 上半身回旋テスト

上体のねん転のしやすさの目安になる

上半身回旋テストは、骨盤回旋テストと対になるもので、今度は上半身のほうを、下半身と分離して回転させられるかどうかをチェックします。この動きができないと、テークバックの回転が上手くできなかったり、トップでのねん転が浅くなるなどの問題が出ます。やり方は、骨盤回旋テストと同様に、両手を胸の前に組んでアドレスし、下半身を固定したまま上半身を左右に回します。これも、骨盤回旋テスト同様、下半身がつられて動いたり、上半身が左右に揺れたりしないのが正しい動きです。もし上手くできない場合は、第２段階として、下半身を押さえるなどして、固定した状態で再度行います。第２段階でできるようになる場合は、下半身の安定（スタビリティ）の問題、第２段階でもできない場合は、上半身の可動（モビリティ）の問題となります。

☑ 骨盤の前傾、後傾

⑪ 骨盤傾斜テスト

スウィング中の前傾角度キープに影響

骨盤傾斜は、アドレスの姿勢でとても重要ですし、思い通りに前傾したり、後傾したりできないと、スウィング中、下半身から上半身にスムーズにパワーを伝達することが難しくなります。骨盤傾斜テストは、ミドルアイアンのアドレス姿勢をとり、まず腰の部分を「S字」に反らせるようにして、骨盤を前傾させます。次に、反った部分を逆に丸めるような形で、骨盤を後傾させてください。前傾と後傾を交互に繰り返し、骨盤だけがきれいに動くかどうか、筋肉の振動が起きてガクガクしないかチェックします。ちなみに、体のどこかを動かそうとして、ガクガク震えてしまう現象を「シェイクアンドベイク」(shake and bake) といって、普段あまり使っていない部位を動かそうとしたときに起きます。普段よく動かしている部位はスムーズに動くので、ガクガクすることはありません。

☑ 胸の可動域

⓬ 座位体幹回旋テスト

テークバックでの胸の動かしやすさがわかる

このテストでは、胸椎の回転可動域をチェックします。胸椎は背骨の中間部の骨で、回転させることができる部位ですが、その下の腰椎部分はほとんど回転することができません。つまり、胸椎の回転が制限されていると、本来回転しない部位である腰椎まで回そうとして、過度な負担がかかり、腰痛の原因になります。テストはまず、足を閉じ、ひざをぴったりくっつけて椅子に腰かけます。そして、体を真っすぐに起こし、両腕を「W」の形にして、クラブを首の前（鎖骨付近）に担ぎます。足元には、２本のクラブを「×」の形にして置き、「45度」の目安のラインを作ります。この状態で体を左右に回し、45度以上回すことができれば合格です。次に、首の前にあるクラブを、首の後ろに担ぎなおし、再度、体を左右に回してください。これも、45度以上回るのが合格ラインとなります。

☑片足でのバランス力

⑬ 片足バランステスト

バランス力、お尻の力の強さの目安になる

このテストは、日本でも体力測定の項目に含まれていることもある、一般的なバランステストです。片足を上げ、ももを水平に保ちます。最初に2秒間だけ目を閉じて、目を開けているときよりもバランスを保つのが難しいことを確認してください。その後、もう一度目を閉じて、片足で立っていられる時間を計ります。合格ラインは16秒くらいです。片足でやったら、反対の足でもやってみて、両者の時間を比較してみてください。もちろん、両足の差が少ないほうがベターです。

ももの裏側の柔軟性

⑭ トウタッチ（つま先タッチ）テスト

スウィングの土台になるハムストリングスの柔軟性

これは、日本でいうところの「立位体前屈」です。つま先を閉じ、ひざを伸ばした状態で前屈し、指先でつま先が触れるかどうかチェックします。このテストでは、股関節の前屈しやすさだけでなく、腰やハムストリングス（ももの裏側の筋肉）の柔軟性もチェックできます。両ひざを伸ばした状態ではつま先をタッチできない場合、腰やハムストリングスの柔軟性の問題と、股関節のアンバランスの問題の２つの可能性があります。これを見極めるには、片足をつま先立ちにしてみる、または、厚手の本などを台にして足を置くなどして、片方だけひざが曲がった状態を作り、再度、ひざが伸びているほうの足のつま先を触ります。足を替え、同じことを試してみて、左右に差がある場合を「ユニラテラル（トウタッチ）プロブレム」（unilateral toe-touch problem）といい、股関節の左右バランスの調整が必要になってきます。

☑ 手首の曲げやすさ①

⑮ 手首伸展テスト

ダウンスウィングの"タメ"に影響

このテストでは、手首をどれくらい伸展できるかを見ます。伸展は、手首を甲側に折り曲げる動きで「背屈」、あるいは英語で「カッピング」(cupping) ともいいます。直立して、片方の腕を前に伸ばし水平にします。軽く拳を握った状態で手首を背屈させてください。60度程度曲がるのが合格ラインです。手首の背屈は、トップでのクラブ位置や、ダウンスウィングでのいわゆる「タメ」などに関係があり、また、動きがよくないとケガのリスクもあります。

☑ 手首の曲げやすさ②

⑯ 手首屈曲テスト

クラブをリリースする動きに関係してくる

このテストでは、手首の屈曲の可動域をチェックします。屈曲は「掌屈」、あるいは英語で「ボウイング」(bowing) ともいいます。直立して腕を前に伸ばし、水平にしたら、軽く拳を握った状態で手首を掌屈させます。背屈と同様、60度くらい曲がるのが合格ライン。手首の掌屈は、とくにダウンスウィングでのリードアーム (右打ちの場合、左腕) の動きに関係があり、動きに制限があると正しくリリースするのが難しくなります。

スウィングはひとつに「規定されない」

この「スクリーニングテスト」は、TPIメソッドの根幹をなすものであると同時に、スウィングの「真実」を読み解く手掛かりであることは間違いありません。2000年代に入ってから、スポーツの分野には「科学的手法」がどんどん採り入れられてきて、それまではプロや熟練コーチの「経験則」でしかなかったゴルフスウィングが、丸裸にされてきました。「トラックマン」に代表される弾道計測機器、「ボディトラック」や「GEARS」といった、スウィング中の動作解析機器の使用が当たり前になり、「バイオメカニクス」(生体力学)の分野からのスウィング分析も進んで、レッスンやトレーニングは、効果が「科学的に実証可能」なものでなければ受け入れられない時代になってきていると感じます。ただ、ゴルフスウィングはまだすべてが解明されたというわけではなく、現在もリアルタイムで研究が進んでいることを考えると、コーチとして大事なことは、日々、スウィングの知識を最新のものに「アップデート」する努力を、怠らないことだと強く思います。そうでなければ、100人100通りのスウィングに対して、適切なアドバイスを送るということは不可能だからです。

TPIメソッドで、一番「カルチャーショック」だったのは、スウィングをひとつに「規定しない」というところでした。ゴルフのレッスンというものは、「こういうスウィングをしなさい」というお手本のようなものがあって、生徒は全員、そのスウィングを目指すということが普通だと思っていたからです。ところが、『TPI』の場合は、問題点とその原因は特定するけれども、そこからどうするかはコーチと生徒が相談して決めていくイメージ。仮に問題点があっても、それを修正するのか、あるいはそれを生かしてスウィングするのかという選択肢を生徒に提供する。まさに、個人個人に合わせた「オーダーメイド」的なレッスン手法、理念なのです。

現在（21年8月現在）、私は、松山英樹プロをはじめ、河本結プロ、永峰咲希プロ、有村智恵プロなど、複数のプレーヤーに対してコーチとしてアドバイスする立場にありますが、それぞれの選手に対して、何を言うか、どんなふうに言うかなど、対応を細かく変えています。それぞれの性格や、そのときの体調などによっても、アドバイスの仕方を変えていかないと、プレーヤーにはなかなか届かない。コーチというものは、「カメレオン」みたいな存在でなければ務まらないのです。

選手によってアドバイスは変わってくる

私がコーチをしている、永峰咲希プロと有村智恵プロは、持ち球がそれぞれドローとフェードという具合に正反対です。ドロー打ちの人は、インサイドアウトに振るので、入射角がシャロー（浅く）になり、ゆえに弾道は高めになります。永峰プロがこのタイプです。フェード打ちは逆に、アウトサイドインで、ヘッドが上から入るので弾道は低め。有村プロはこのタイプで、低い球が得意なので、コントロールショットが上手いです。永峰プロは、コントロールショットよりフルショットが得意。この2人が一緒に回っていると、好きなホールと苦手なホール、あるいは得意、不得意のシチュエーションがことごとく逆になるので、コーチとしてアドバイスするのは簡単ではありません。2人もそこをわかっていて、「タイプがまるで違う2人を同時に教えられるのはスゴイ」とおだててくれたりするので、そこはコーチ冥利に尽きると思っています。

この2人より長くコーチをしている、河本結プロの場合は、元々フェード一辺倒だったのですが、今は高い球も苦にせず打てますし、低いフェードは以前より精度が上がっています。有村プロは、河本プロのスウィングと球筋を見て、「彼女を教えているコーチに習いたい」と思ったそうですから、同業者にそう思わせるくらいには「説得力のあるプレー」ができるプロに成長したということでしょう。これもまた、コーチとしてうれしい瞬間です。

永峰咲希→ドロー

ドローヒッターの永峰咲希は入射角がシャローで、高めの弾道

有村智恵→フェード

フェードヒッターの有村智恵は、ヘッドがやや上から入り、低めの弾道

スウィングに一番大事な「キング」と「クイーン」！

安定したスウィングをするうえでも、飛距離を出すうえでも大事なのは腹筋を中心とした、「体幹」部分です。体幹の強さがあっても、必ずしも狙い通りのスウィングができるとは限りませんが、体幹が「弱い」とほぼ100％、スウィングに何かしらの問題が出ます。ところで、日本で「体幹」というと、「腹筋」と、もうひとつは「背筋」というイメージではないでしょうか。もちろん、広背筋や腰部の筋肉などが大事であることは間違いないのですが、『TPI』ではそれよりも「臀筋群《でんきん》」、つまり、お尻の筋肉を重要視しています。お尻の筋肉を「キング」、腹筋を「クイーン」と呼び、「キング＆クイーン」をスウィングの2大重要部位と位置付けているのです。スウィングの〝王と女王〟、この呼称からも、いかにお尻を重要視しているかがわかると思います。「スクリーニングテスト」の2番目、「足伸展ブリッジテスト」では、「キング」の強度が足りているかどうかがわかります。また、8番目の「オーバーヘッドディープスクワット」では、「キング」の伸展可動域、つまりきちんと「伸ばせるか」どうかがわかります。

「脳の指令」できちんと動かしたい

お尻の筋肉（臀筋）と腹筋、「キング&クイーン」がいかに大事かは、私自身、長年のクセを修正する過程で強く実感させられました。ダウンスウィングで「腰（骨盤）が前に出る」のが私のクセでしたが、『TPI』のセミナーで、ヘッドコーチのデーブに「右の骨盤の斜傾が弱い」と指摘されたときに、初めて「キング」の重要性に気づいたのです。実は、ダウンスウィングで骨盤を前傾させすぎずに、むしろ「後傾」させるには、腹筋も臀筋も「縮める」必要があります。

試しに、アドレスの姿勢から骨盤を「後傾」させようとしてみてください。腹筋のほかに、臀筋にも力が入ることがわかるはずです。しかも、臀筋が弱いと上手く骨盤が動かないこともわかると思います。

私も最初は臀筋が弱かったので、デーブに教わった動きが思うようにできませんでしたが、トレーニングを積むことできちんと動かせるようになりました。トレーニングは、筋力をアップするというだけでなく、その部分を「脳の指令」によってきちんと動かせるように訓練することにつながるのです。たとえば、足の指を1本ずつ動かして地面から離そうとしても、最初はできませんが、ずっとトレーニングを続けているとできるようになります。ケガや病気の影響で動きが悪くなった筋肉を、「リハビリ」で回復させるのと同じ理屈です。私も今では、右と左のお尻の筋肉を、別々に動かせるようにまでなりました。イメージとしては、右のお尻を動かすスイッチと、左のお尻を動かすスイッチが、脳の中に別々にあるという感じでしょうか。トッププレーヤーほど、このスイッチを見つけるのが上手で、「ここを動かすならこのスイッチ」という感じで、たくさんの部位を自在に動かすことができるのです。

そうやって、意識して「キング&クイーン」を動かせるようになると、ダウンスウィングで背中を丸めて「猫背」にするような感じで振れるようになり、自然に胸が下を向いた状態で、ボールをつかまえやすくなります。また、腰が反らなくなって、腰への負担が軽減したり、ダウンスウィングの円弧を大きくしてインから下ろせるなど、体やスウィングに様々ないい影響を及ぼします。これこそ、臀筋と腹筋が「キング&クイーン」と呼ばれる所以なのです。

ここがスウィングの「キング&クイーン」！

「お尻」と「お腹」の筋肉がスウィングの2大重要部位。きちんと使えるようになるとスウィングが見違える

「問題点をすべて修正する」では上手くならない

日本で最初に『TPI』のセミナーを受け、アメリカに渡って、さらにたくさんのセミナーに参加してわかったことは、「たったひとつの理想のスウィング」というものは存在しないということ。それと、あるゴルファーが問題を抱えている場合、スウィングに問題があるのか、それとも体の動きに問題があるのか、あるいはその両方なのか、人によって様々だということです。このことは、従来のいわゆる「伝統的な」レッスン手法とは違っていて、スウィングの問題点を、ひたすら反復練習で直すとか、正しくない箇所は「何がなんでも」修正するという、日本でもおなじみの手法に慣れている人には、最初はピンとこないかもしれません。

たとえば、『TPI』でも、とくに初級者にありがちなスウィングの「エラー」のうち12個を、「ビッグ12（トゥエルブ）」というふうに分類しています。その12個とは、

①背中が「S字」に反っている「S字姿勢（S-ポスチャー）」

②逆に「Cの字」に丸まっている「C字姿勢（C－ポスチャー）」
③スウィング中にかがみすぎてしまう「姿勢の消失（ロスオブポスチャー）」
④テークバックで上体が起き、肩が水平に回る「フラットショルダープレーン」
⑤ダウンスウィングで上体が起き上がる「アーリーエクステンション」
⑥切り返しでクラブが外から下りる「オーバーザトップ」
⑦テークバックで腰が右にずれる「スウェイ」
⑧ダウンスウィングで腰が左にずれる「スライド」
⑨トップで軸が左に傾く「リバーススパインアングル」
⑩インパクトで体重が右に残る「ハンギングバック」
⑪リリースのタイミングが早い「キャスティング」。それに伴ってインパクトで左手首が甲側に折れる「スクーピング」
⑫フォローで左ひじが曲がる「チキンウィング」

となります。ほとんどは、日本でも昔から「悪い動き」として認識されていたもので、「スウェイ」や「スライド」は用語もそのまま、「リバーススパインアングル」と「ハンギングバック」を合わせて『ギッタンバッコン』、あるいは「ハンギングバック」だけで『明治の大砲』、「スクーピング」は『すくい打ち』というように、それぞれ対応する日本語のレッスン用語があったりします。ただし、『TPI』では、これらを必ずしも「悪い動き」だと決めつけているわけでもないのです。なぜなら、世界のトッププレーヤーでも、これらの動きを含んだスウィングをしている場合はあるからです。「悪いものはとにかく直す」という従来方式と、悪い動きを純粋に「症例」ととらえて、治療するかしないかも含めて〝患者〟と相談するというのが、このメソッドの新しいところだと思います。

問題点が単独で存在することはまれ

なぜ、「ビッグ12」の症例に当てはまったとしても、問答無用でそれを直さないのか。それは、ひとつの症例があると、それがほかの症例の引き金になっていることが多く、どの症例が「いちばん問題か」を先に見極める必要があるからです。

たとえば、「S字姿勢」でアドレスしているアマチュアゴルファーは多いですが、そこからテークバックすると、高確率で上体が起き、「フラットショルダープレーン」や「リバーススパインアングル」になります。そして、トップでこの2つの症例が出てしまう人は、ダウンスウィングで、リリースが早くなってしまう「キャスティング」になることが多い。つまり、スウィングの問題点というのは、単独で存在することはむしろまれで、ひとつの問題がほかの問題とつながっていることがほとんどなのです。だとすれば、どれかひとつを特定して、それだけを直そうとするのはナンセンスだということがわかるでしょう。

「ビッグ12」を生かすプレーヤーもいる

繰り返しになりますが、トッププロのスウィングにも、「ビッグ12」の動きが見ら

スウィングの問題点が単独で起こることはまれ。ひとつの症例が他の症例の引き金になることが多い

れるケースはあります。たとえば、２００1年に「全米プロゴルフ選手権」を制した名プレーヤー、デビッド・トムズには、明らかに「アーリーリリース」の傾向があります。それでも、メジャー1勝を含む、ツアー通算13勝を挙げているわけですから、誰も彼のスウィングを「悪いスウィング」とは呼べないでしょう。『ＴＰＩ』では、「ビッグ12」を直す方法も教えてくれますが、それを生かす方法も教えてくれます。また、直すにしてもスウィングからケアするほうがいいのか、それとも、体の面からケアしたほうがいいのかを見極めるための知識を教えてくれるので、それをもとに自分でどうすべきか判断できるようになります。体のこの部分の動きが悪いから、こういうトレーニングをすればいい、という部分までわかってくるということです。

先ほどの、「S字姿勢」から、「フラットショルダープレーン」、「リバーススパインアングル」、そして「キャスティング」が連鎖するケースでは、当然、まずは「S字姿勢」を修正するのが先決でしょう。ただし、臀筋や腹筋、つまり「キング&クイーン」の強さが足りない場合や、それ以外の部分の動きが悪いことで、どうしても「S字」にしか構えられないというケースも多いですから、ただ「形」を矯正するだけでなくて、そうなってしまう原因まで探ることが大事です。必要ならば、筋力をアップするためのトレーニングをしなくてはいけないケースもあるでしょう。

「S字姿勢」を直すには、背骨にクラブをあてがって、シャフトと背中にすき間ができないように、腹筋を縮めて、腰部をシャフトに押し当てるという方法が、一例としてあります。「S字姿勢」が修正されたら、背中、あるいは胸の前にクラブをあてがった状態で回転する練習をすると、上体が起き上がったり、軸が左右に傾いたりせずに、背骨を軸にしてスウィングする感覚がわかります。この例からもわかるように、スウィングの修正には、どの部分から直すか、どのくらい直すか、そして、どういうやり方で直すかの判断が、とても大切になってくるのです。

背骨にクラブをあてがって「S字姿勢」を修正。その状態で、体を回転することで、背骨を軸にしてスウィングする感覚がわかる

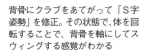

スウィングは〝白か黒か〟で決めつけられない

論理的にスウィングの動きを考えるという『TPI』の手法と、その後も自分なりに勉強を続けてきたおかげで、ゴルフスウィングとはどういうものなのかが、今はかなり明確にわかってきています。その過程で、今まで日本では「常識」とされてきたことが、必ずしも正しくないケースがあることも見えてきました。現代はこれだけ情報があふれている社会ですから、もちろん、私だけがわかっているわけではなく、情報を得ようとする意欲のあるコーチ、プロならば、ある程度のところまでは理解していることだと思います。新しい知識を積極的に吸収して、それを選手に伝えようとしているコーチや、コーチの助言を得て、スウィングをアップデートしようとしているプロの選手たちは日本にもたくさんいるはずです。

プロの動向は、テレビやゴルフ雑誌などのメディアで頻繁に伝えられますし、今はプロ自身がSNSなどで自分の近況を発信することも珍しくありません。たとえば、プロが「スウィング改造」している、その過程を、アマチュアの方が目にする機会も増えています。そこで、ちょっと危うさを感じるのが、「従来の○○は間違いだった」とか、「○○をやめて、××にしたらものすごく飛んだ」というような、センセーショナルさを狙った断定的な記事のタイトルです。スウィングには、「よくない動き」というものが確かにありますが、絶対的によくないというより、〝その人の〟スウィングのなかでよくないということがほとんどで、また別の人の別の動きのなかでは問題にならないこともあります。同じやり方でも、ある人にはプラスに働いて、別のある人にはマイナスに働くということも珍しくないわけです。スウィングのなかの、どこか1点だけに注目して、たとえば、「ひざは曲げるのがいい」とか、「ひざは伸ばすのがいい」というように、〝白か黒か〟で決めつけられないのが、ゴルフスウィングだと、私は思っています。

情報を取捨選択できるセンスが大切

ですが、普通のゴルファーにとっては、「あの有名コーチがこう言っていた」とか、「あの有名プロがここを変えてよくなったらしい」という情報は、とても影響力が大きいものなので、内容をあまり吟味しないで、すぐに飛びついてしまったとしても、それを責めることはできません。ですから、私たちコーチが、一般のアマチュアゴルファーに対してできることは、可能な限り正確な情報を、多面的な視点から発信し続けることだと思います。そして、あふれる情報のなかから、アマチュア自身が正しい情報を選び取る、ある種の「センス」を身につけられたら最高ではないでしょうか。

たとえば「右ひざ」問題、どう考える？

〝白か黒か〟という二者択一的な論法で、アマチュアを（場合によってはプロをも）混乱させるレッスンの情報の例をひとつ挙げるとすれば、テークバックでは「右ひざを曲げたまま我慢するべきか」、「右ひざを伸ばして腰を回転させるべきか」という話題があります。日本のレッスンでは、ずっと前者がスタンダードで、後者は最近になってよく言われるようになったと感じる人が多いかもしれません。「右ひざを曲げたまま」にすると、テークバックでの軸の右へのズレ、下半身の伸び上がりを防止する効果がありますが、一方で、右ひざを固めることで、確かに右腰の回転が制限されてしまうという側面もあります。欧米のプロは、どちらかというと右ひざを自然に伸ばす形で右腰の回転を優先させることが多く、日本のプロも、最近では無理に右ひざを止めないケースが増えています。ですから、今や「右ひざを伸ばす」ほうがスタンダードになりつつあるといってもいいでしょう。でも、それは、「ひざを曲げたまま」が「間違い」で、「ひざを伸ばす」が「正しい」ということなのでしょうか。

そのスウィングで何を重視するか

それまで右ひざを「曲げたまま」スウィングしていた人が、右ひざを「伸ばす」スウィングに変更すれば、テークバックでの上半身の回転がものすごく「楽」に感じるはずです。それでトップが大きくなれば、スウィングスピードが上がる可能性もあるでしょう。ただし、右ひざを曲げたままにしておくことで保たれていた、再現性の高さはある程度犠牲になります。また、それまで慣れ親しんだスウィングとは、まったくフィーリングが変わってしまうので、そのギャップを埋めるのにも時間が必要になります。つまり、右ひざを解放することによって、回転そのものは楽になって、それが飛距離アップにつながる可能性もありますが、再現性が下がり、フィーリングに慣れるのに時間もかかるので、スウィング全体としてプラスかどうかは「わからない」

ということなのです。このように、スウィング変更には常に、メリットとデメリットが表裏一体で存在しています。どちらを選ぶべきかは、その人がスウィングで何を重視するかによるということです。

たとえば、松山プロはトップの右ひざの角度が、アドレスとあまり変わりません。松山プロは、実は体がとてもやわらかいので、右ひざを伸ばすと、回りすぎるくらい回ってしまい、デメリットのほうが大きくなるからです。一方で、ダスティン・ジョンソンの場合は、トップでかなり右ひざが伸びています。言うまでもなく、2人は世界でトップの実力を持つゴルファーですから、どちらのスウィングがより優れているということはないはずです。また、女子のプレーヤーは、右ひざが伸びるケースが多いように感じるかもしれませんが、米LPGAツアーの平均飛距離ランキングで上位に入っている、レキシー・トンプソンや、ネリー・コルダ、マリア・ファッシ、ブルック・ヘンダーソンなどは、あまり右ひざが伸びません。とくにブルック・ヘンダーソンは、松山プロと同じように、ずっと右ひざを曲げたまま我慢するタイプです。このことから導き出される結論は、テークバックで右ひざを曲げたままにするか、伸ばすかはその人次第で、少なくともどちらも「間違いではない」ということなのです。

その人に合った、右ひざの使い方がある

トップで右ひざの角度が変わらない松山と、
右ひざが伸びるダスティン。スウィング中の
体の動きを"白か黒か"で考える必要はない

「下半身から切り返す」も絶対ではない

もちろん、スウィング効率の面だけ考えると、圧倒的に好ましい動きというのはあります。たとえば、切り返しで「下半身から動き始める」というのは、ダウンスウィングの『運動連鎖』（P114参照）には絶対に必要で、できるなら、ぜひやるべきことだと思います。ですが、下半身から切り返すためには、上半身と下半身の「分離」の動きがきちんとできるという、前提条件があります。「スクリーニングテスト」の、「骨盤回旋テスト」で、上半身を止めたまま問題なく骨盤を回旋させられる人なら、下半身から切り返すのは比較的簡単です。ところが、上体を止めたままだと骨盤を上手く回旋させられないという人の場合は、下半身だけ動かそうとするとどうしても上半身もついてきてしまうため、いわゆる「下半身リード」の形になりません。

「エースゴルフクラブ」で、たくさんのアマチュアを教えていたときにも、「下半身リードができない」と相談されることが何度もありました。もちろん、「分離」の動作ができる人には、下半身から動くスウィングにしてもらいましたが、「分離」の動作が苦手な人に対しては、「上と下が一緒に動く感じでいい」というアドバイスをすることも多かったのです。ほとんどの人が、いいスウィングには「下半身リード」が絶対的に必要だと思い込んでいるので、最初は納得できないという顔をされるのですが、「分離」の動きや、プロの中にも下半身リードを強調しないで振る人がいることなどを丁寧に説明すると、最終的には納得してもらえました。

隣にいてサポートするのがコーチの役目

私の考えるコーチは「上に立つ」存在ではなく、隣にいてサポートする関係でなければいけないと思っています。プロにも、アマチュアのゴルファーにも、知識を押し付けることなく、それでいて悩みに対してはいつでも答えを用意できる、そういうコーチになりたい、と常々思っているのです。

2021年から、コーチのピート・コーウェンの指導を受けるようになって、それまでの飛距離にやや偏りすぎたスウィングが改善され、圧倒的にバランスがよくなりました。世界のトップレベルにいてもなお、スウィングに対する探究心が失われないことが、マキロイの最大の武器のように思います。体のキレは抜群ですが、それに腕（クラブ）が遅れないのがすごいところ。いいスウィングができる才能と、それをずっと続けられる才能の両方を持っているので、本人なりのスウィングのコツを維持すれば、長く上位にいられる選手です

コラム①
世界のトップを
解説
Mezawa's
Eye

ローリー・マキロイ
「"飛距離追求"をやめた結果究極にバランスがよくなった」

「2018年シーズンからコーチする河本結プロには、まずクラブ軌道とフェース向きの関係について、ていねいに説明しました。本人が誤解していた部分を取り除くことによって、より体の動きがスムーズに。元々はフェードボール一辺倒だった河本プロですが、高い球を楽に打てるようになりましたし、低いフェードボールといったコントロールショットの精度も高くなりました」

第3章

ロジカル思考が重要

自分だけのスウィングを作り上げる

クラブをどう振るのが一番効率的か、
ヘッドとボールがどうぶつかれば、一番飛距離が出るのか——。
ロジカルにゴルフを考えると、
もっと早く上達できる

スウィングの「全体像」を把握することが大切

私自身、学生時代やプロテストに挑戦している時期に、思ったように上達できなかった経験がありますし、コーチとしてアマチュアを指導するようになってからも、自分では「これが正解」と思って伝えたアドバイスが、なかなか生徒の上達に結びつかないという経験もしてきました。どこに問題があったのかを、振り返って考えてみると、効率的なスウィングのためにはどうするべきか、「本質」のところで理解していなかったことと、「スウィングの客観的情報」が圧倒的に不足していたからではないか、と思っています。これは、私自身の問題であると同時に、従来のレッスンが抱えていた、重大な「欠陥」ともいえます。

たとえば、現在では、「トラックマン」のような弾道計測器があるおかげで、実際にどんなスウィングをしたのかが、はっきりわかるようになっています。ヘッドスピードが何m/sで、それに対するボールスピードが何m/s、ヘッドの入射角がどれくらいで、インーアウトなのかアウトーインなのか、ボールはドローなのかフェードなのか、打ち出し角は高いのか低いのか、スピン量は多いのか少ないのかなど、すべてがデータで丸裸です。こうした「客観的事実」が簡単に手に入ることで、スウィングを修正するにしても、常に正しい方向に向かって努力することが可能になったと言えます。

では、従来のレッスン現場では、どうだったのか。ビデオカメラで撮影するという手法があったとはいえ、インパクトの正確な情報は「想像する」しかなかったというのが実情です。そのため、コーチの「こうなっている から、こうしなさい」というアドバイスに対して、生徒側は「自分ではそんなふうには振っていないはずなのに、スウィングを直される」とか、「コーチに言われる通りにやっているのに、ダメ出しされる」というようなすれ違いが頻繁に起き、教える側も教わる側も、なかなか「前を向けない」ことが多かったように思います。

ほとんどのゴルファーは、自分自身のスウィングに

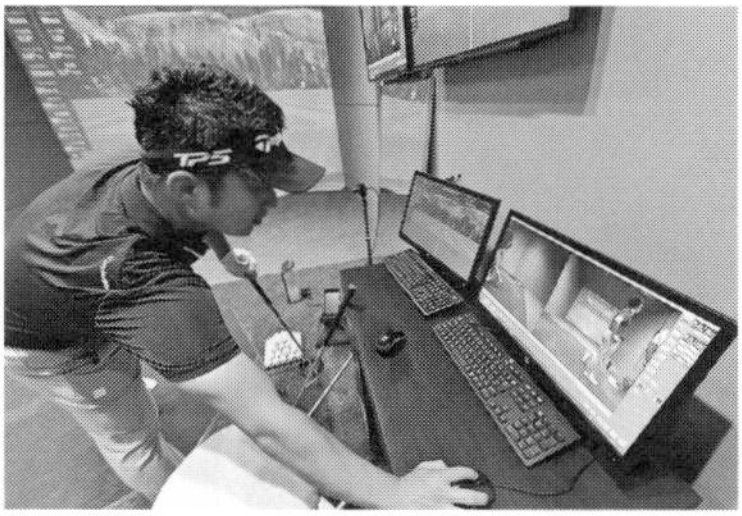

ヘッドスピード、ボールスピード、ヘッド入射角、スウィング軌道、打ち出し角、スピン量……。今はショットの客観的データが手に入る

ついて、その全容を正確には把握していません。そのため、コーチとして、まずやるべきことは、客観的なデータによって、その人がどんなスウィングをしているのか、お互いに共通した認識を形成するということだと思います。そうして初めて、コーチと選手や生徒が同じ目標に向かい、「前を向いて」、スウィングを磨いていけるのです。

欧米ではコーチと選手が激しく議論

アメリカやヨーロッパでは、ツアープロにコーチがついて、継続的にアドバイスするということが極めて普通のことになっています。しかし、ツアープロもゴルフの「専門家」ですから、コーチの言うことをすべて鵜呑みにするということは、まずありません。コーチに求められるのは、最新のゴルフ理論にアクセスがある（知識がある）ことと、そこから導き出される、「科学的に実証可能」なスウィングの改善方法を提供することです。極端に言えば、あるコーチが仮に、飛距離アップにものすごく効果のあるやり方を知っていたとしても、それは本当に効果があるか、実証できなければプロからは見向きもされないということです。

日本人に比べて、欧米の人たちは自分の意見をはっきり言う傾向にありますから、自分自身が納得できなければ、コーチの言うことを「突っぱねる」というのは、ごく自然にあることです。逆にコーチの側も、「納得できなければ別のコーチのところに行けばいい」という気持ちをどこかに持っていることが多い。ローリー・マキロイなど、数々のトッププロを教える有名コーチ、ピート・コーウェンなどは、かなり自己主張が強いタイプで、プロとの間でいつも激しく議論を交わしています。これは、お互いがプロ意識とプライドを持ってぶつかっているからこそといえるでしょう。

それに比べ、日本の場合、コーチは「先生」という扱いなので、生徒の側から異論を唱えるというケースは、欧米よりかなり少ないと思います。ただ、週に何人ものアマチュアをレッスンしていた経験から言うと、スウィングに関する「事実」とか「本質」といったものがほとんど浸透していないことで、こちらが提供する「客観的に正しい情報」や、「論理的に正しい事実」をなかなか受け入れてもらえないというケースは、多々ありました。

「論理的に正しい事実」が重要

たとえば、ボールが曲がるメカニズムについて、かつては「スウィングの方向にボールが飛び出して、フェースの向きによって曲がる方向が決まる」と信じられていました。

しかし、弾道計測器の普及によって、打ち出し方向に関してはフェースの向きの影響が大きく、ボールの曲がりは（フェースの向きに対する）スウィングの方向で決まるということが、事実としてわかっています。ところが、たとえ「事実」に基づいたアドバイスでも、そもそも、その「事実」を知らないゴルファーにとっては、何だか「信用できないもの」として受け取られることも多いということです。「事実」が浸透していないこと、これが一部のゴルファーの上達を妨げていることは、間違いないと思います。

なぜスライスが直らない？

「事実を受け入れられないこと」のデメリットについて、もう少し具体的に説明します。

先ほどの「ボールが曲がるメカニズム」の事実誤認の例では、たとえばスライスが出る人の多くはフェースの向きに原因がある、と考えています。つまり「フェースが開いているからスライスが出る」と思い込んでいるので、なんとかして「フェースを閉じよう」と頑張ってしまいます。それによって、手をこねたり、左足への踏み込みが不十分になるといった、別の問題が生じてしまうこともしばしば。また、仮にフェースを閉じた（インパクトでフェースをスクエアにした）としても、スライスの本当の原因は、軌道がアウトサイドインであることなので、結局スライスは直りません。

そこで、もっと「フェースを閉じなければ」と、フェースをクローズにしてインパクトしたとしても、ボールが左に飛び出るだけという、とても不毛な結末が待っているということになります。

**スライスの本当の原因は
アウトサイドイン軌道**

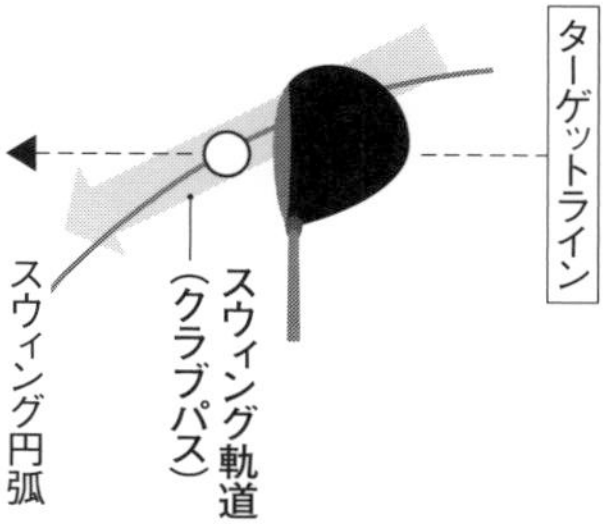

ボールの曲がりは、スウィングの方向（スウィング軌道、クラブパス）で決まる。仮に、この軌道で、フェースをクローズにしても、ボールは左に飛び出るだけになってしまう

「科学的データ」をフル活用

先ほどの話は少し極端な例ですが、「前提」を正しく設定しないことで、努力の方向が間違ってしまうということは、珍しいことではありません。これを防ぐには、「事実」がなんなのかを知ることと、その事実が、それまで自分が信じてきた「常識」と違っていても、まずは信じて受け入れてみるという姿勢が大切だと思います。コーチの務めとしても、単に「事実」を伝えるだけでなく、それを信じてもらうための材料を提供する必要があると考えています。

教わる側に対して、一番説得力があるのは「科学的データ」です。私は、コーチで生きていくと決めた時点で、両親に借金をしてまで、最新の弾道計測器を購入しました。より説得力のあるコーチングのためには、計測器による「データ」を示すことが絶対に必要だと思ったからです。

計測器による「データ」から、ボールの打ち出し方向が、ほぼフェースの向きによって規定され、インパクト時のフェースの向きとスウィング軌道の関係によってボールの曲がる方向が決まるということがわかります。ドローヒッターの場合、インパクト時のフェースの向きは「オープン」で、スウィング軌道はそのフェース向きより、さらに「インーアウト」になっているということです。ですが、多くの人は、インパクトではフェースを「開いてはいけない」、絶対に「スクエアであるべき」と思い込んでいないでしょうか。この思い込みは、実はプロレベルでも存在しています。プロの場合、「フェースはスクエア」と思い込んで、無意識のうちに、必要以上にフェースを閉じてしまう動きが入り、思ったとおりの弾道にならない、ということも起こります。スウィング作りは、ロジカルな道筋をたどらないと、プロでもアマチュアでも、無駄な回り道をしてしまうということになるのです。

計測器による「科学的データ」で、インパクト時のフェース向きとスウィング軌道の関係も、1ショットごとに確認できる

「正面衝突」を理解すると様々なことが見えてくる

効率よく上達するには、客観的事実に基づいて、「スウィングの全体像」を把握することが大切だということは、わかってもらえたのではないかと思います。

ただ、だからといって、これまでの考え方を全部「ゼロ」にして、誰もがロジカルに考えられるようにするべきだとは、私自身、思っていません。多くのゴルファーにとって、ゴルフは「趣味」の領域である以上、合理的とは言えないことであれこれ思い悩むのも、「楽しい」ということはありますし、そういう楽しみ方も理解できます。

私が「ロジカル」なやり方で上達を目指すべきだと思うのは、それが実益と強く結びついているプロを除けば、「上達すること自体」に楽しさを感じる場合に限ります。

とくに、上達のスピードが遅く、「ゴルフは難しい」と感じている人には、ぜひロジカルなアプローチで、もう一度チャレンジしてみてほしいのです。

「ロジカルなゴルフ」といっても、私たちコーチに求められるような、ゴルフの物理やスウィングの科学などの詳細な知識は必要ありません。まずは、クラブをどう振るのが一番効率的か、ヘッドとボールがどうぶつかれば、一番飛距離が出て、真っすぐ飛ぶのかということを考えるだけで、かなり上達への道筋が開けます。

まず、よく言われているように、スウィング中のクラブはひとつの「プレーン」、つまり、同一平面上を動くのが、効率を考えると理想的です。ただし、人間の体の構造上、行きと帰りのクラブの軌道をぴったり一致させるのは難しいですから、そこにこだわらなくても大丈夫です。全体の動きがスムーズで、極端に波打つようなことがなければ、第1段階としては十分でしょう。

スウィング中のクラブの動きは、ひとつの「プレーン」、同一平面上を動くのが『理想』。ただ、体の構造上、難しいので、極端に波打たずに、スムーズに動くことを意識したい

一番効率のいい衝突場所がある

次に、ヘッドとボールの衝突条件を考えてみます。もし、スウィング軌道がインサイドイン（ストレート）なら、一番効率のいい衝突場所は、「スウィングの最下点」で、そのときのフェースの向きが軌道に対して「直角」（スクエア）であるのが理想です。このとき、ボールはターゲットに対して真っすぐ飛び出して、弾道もストレートになります。このことから、「最下点＋スクエア」でボールをヒットできる地点が、理想的なボール位置だということがわかってきます。つまり、この位置以外にボールを置くと、真っすぐ飛ばすのが難しくなるということです。アマチュアの場合、ボール位置が正しくないせいで、狙ったところにボールを打ち出すことができないというケースが非常に多く見受けられます。

もし、スウィング軌道がインサイドアウトであっても、「スウィングの最下点」で、「軌道に対してスクエア」が最大効率であるのは同じですが、イン-アウトに振るには、インパクトで胸の面をターゲットラインより右に向ける必要があるので、最下点の位置そのものがストレートのときと比べて、右足寄りに移動します（最下点の位置は、概《おおむ》ね左胸の正面付近となるため）。このとき、フェース面がスウィング軌道に対してスクエアなら、ボールはフェース面の方向、つまりスウィング軌道と同じ方向に真っすぐ飛びます。ドローボールで、ターゲットライン方向にボールを戻したいのであれば、フェース面はそのままで、さらにイン-アウトに振るか、スウィング軌道に対して少しだけフェースがクローズ（ターゲットラインに対してはオープン）になるように、セットアップを変更します。

逆に、スウィング軌道がアウトサイドインの場合は、インパクトで胸の面がターゲットラインより左に向くので、スウィングの最下点はストレートのときよりも左足寄

「スウィングの最下点」を考えることが大切だ

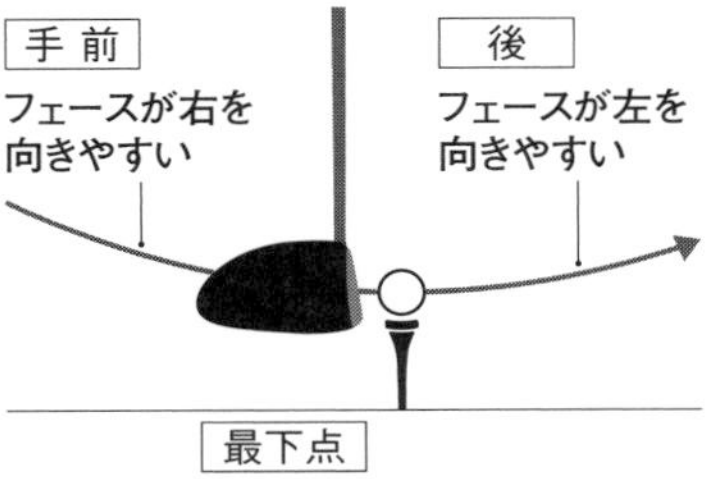

スウィングを正面から見たときに、振り子状に動くヘッドが最も地面と近づく地点が「最下点」。通常、ここを境に、フェース面の向きが変わるので、最下点で打つことがスクエアヒットにつながる

りに移動します。フェースがスウィング軌道に対してスクエアなら、左に真っすぐ飛ぶ弾道、フェードでターゲット方向に戻したいときは、ドローとは反対の原理で、フェースの向きは変えずにさらにアウト－インに振るか、フェースを少しだけ開き（ターゲットラインに対しては閉じ）ます。

もちろん、これはスウィング軌道に対して、フェースがずっとスクエアな状態を保って振った場合という条件がつきます。たとえば、ダウンスウィングで、ヘッドが「振り遅れ」状態になるとフェースが開きますし、上体ごと突っ込んだりするとフェ

ドロー

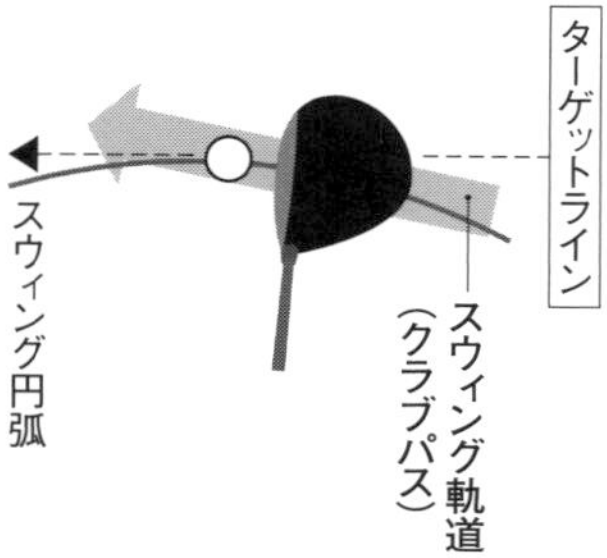

インーアウト方向のスウィング軌道に対して、フェースを少しだけクローズにして振っていく。スウィング軌道方向に球は飛び出し、ドローボールでターゲット方向に戻ってくる

フェード

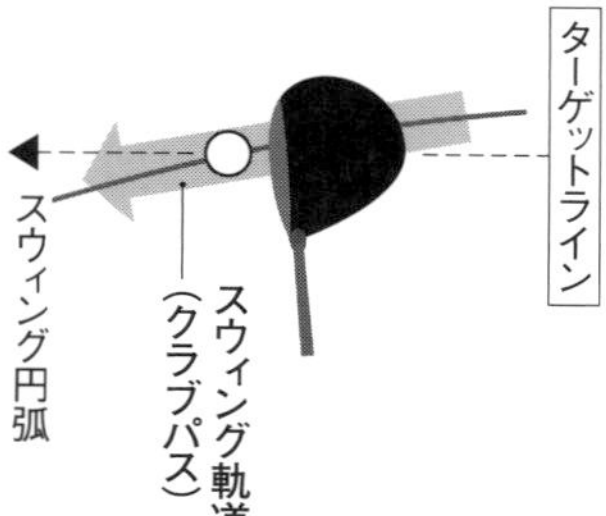

アウト－インのスウィング軌道に対し、フェースがスクエアなら、左に真っすぐ飛ぶ弾道。フェースを少しだけ開けば、フェードボールでターゲット方向に戻ってくる

ースがかぶりますから、それがボールと飛び方（出球と曲がる方向）に影響します。

「衝突条件」からロジカルに導く

「アドレスでのボール位置はどこにすればいいのか」とか、「ドローボールやフェードボールはどうやって打つのか」などといったことは、感覚的なものではなく、実はヘッドとボールの衝突条件から、ロジカルに導き出せる、といったことはわかっていただけたかと思います。また、真っすぐの弾道で、その人にとっての最大飛距離で飛ばすには、スウィングの方向とフェースの向きを、インパクトの瞬間に一致させる、「正面衝突」が不可欠です。この点については、後の項でまた触れたいと思います。

『ロジカルなスウィング』こんな要素を意識したい！

ここからは、アドレスからフィニッシュまで順を追って、理にかなったスウィングをするために必要な要素を紹介していきます。繰り返し述べてきたように、スウィングに「絶対的なひとつの形」はありませんから、ここではそれぞれのポジションでの「必要最低条件」という意味合いで触れていきます。

また、身体的な制約（体が硬い、ケガをしているか後遺症がある、など）により、ここで紹介する動きができなくても、効率的なスウィングができないわけではないので安心してください。制約を、ストレッチやトレーニングで取り除くという方法が一般的ですが、制約を生かしたままスウィングするやり方を見つけるという方法もあります。2021年に世界ナンバー1になった、ジョン・ラームは、ジュニア時代から背中が硬い（広背筋の動きが悪い）という身体的制約がありましたが、独特のショートトップによって、彼なりの最高効率スウィングを作り上げました。ただ、そういった身体的制約によるものではなく、ここで紹介する条件を満たしていないのであれば、修正に取り組むことをおすすめしたいと思います。

ラームのコンパクトなトップは、本人の身体的制約を生かして築き上げられたもの。スウィングに「絶対的なひとつの形」というものがないことがわかる

アドレス

左右の骨盤の高さをそろえた構えを意識する

アドレスでは、左右の骨盤の高さをそろえてください。ゴルフでは、グリップエンド側を持つ左手より、右手のほうが位置的に下になりますから（右打ちの場合）、上体がわずかに右に傾くのは問題ないのですが、骨盤を傾けて、左の骨盤が「明らかに」高い状態になってしまうと、その後の動きに支障が出ます。左右の骨盤の高さをそろえて構えるように意識すると、動きやすいアドレスになります。

上体を右に傾けると、バランスを取ろうとして少し左に体重をかけるような形になり、その際、右の骨盤が少し下がりますが、その程度なら問題ありません。ただし、左の骨盤がターゲット方向にスライドするほど、上体を傾けるのは問題があります。

また、骨盤の高さをそろえようとした結果、右腰、右肩が前に出てしまう（体が開く）ケースもありますが、これも避けてください。左右のひじの高さが同じになるように意識をすると、上体のチルト（傾き）を最小限に抑えることができます。

左右の骨盤の高さをそろえると動きやすいアドレスになる

骨盤を大きく傾けて構えると、スウィング中の動きに支障が起きやすくなる

右腕と左腕のひじの高さが同じになるよう意識してみる

テークバック

腕で上げない。胸の回転を意識する

テークバックで大事なのは、腕を上げるのではなく、胸の面をしっかり回転させるということです。胸、または背骨を意識して、きちんと動かせているかチェックしてみてください。どこから動き始めるかは、ゴルファーによって様々です。骨盤から動き出す人もいれば、ひざをちょっと曲げて、それをきっかけに回転をスタートさせる人もいます。いつも同じように、スムーズに動き始めることができれば、どんなやり方でも問題ありません。自分がいちばんやりやすい方法を探してみてください。

また、ヘッドだけインサイド（またはアウトサイド）に引いてしまうと、問題が出やすいので、目安として、後方から見た際に、クラブが地面と平行になるところで、手元とヘッドが重なって見えるように引くといいでしょう。アドレスで、「こういうインパクトがしたい」というイメージを持っておくことも大切です。自然に、それにつながるような構え方になりやすいですし、そこからの動きもスムーズになります。

胸の面を飛球線後方に回していく

手でクラブを上げるのではなく、胸や背骨を意識して回転していきたい

ハーフウェイバックで手元とヘッドが重なるように見えるのが目安

トップ

形は人それぞれ。自分の心地よさを最優先

トップの形についても、「肩は90度回さなくてはいけない」、「クラブはターゲットラインと平行になっていなくてはいけない」など、昔からいろいろ言われてきました。

確かに、それらも一理あるのですが、必ずしもそうならなくて構いません。

上半身や肩の可動域は人それぞれですから、同じようにトップまで上げても、同じ形にはならないからです。トップで、シャフトがターゲットラインとクロスする（ターゲットよりも右を向く）のは、一般的に「悪い動き」のように言われていますが、クロスしたところから、切り返しでヘッドを上手く背中側に引き戻して、それからダウンスウィングの動きに入ると、むしろクラブ自体が発生させる力（パッシブトルク）を利用して、クラブのスピードを上げることも可能です。どういうインパクトがしたいかをまずイメージして、そこに到達しやすいトップであれば、どんなトップでもまったく問題ないということです。

目指すインパクトイメージに到達しやすいトップがいい

人によって、体の可動域は変わるので、トップの形に正解はない

切り返し〜ダウンスウィング

一番大切なのは「運動連鎖」の順番

切り返しで重要なのは、最初に動くのが左骨盤であるということです。人によって、左足を踏む動きだとか、左ひざを開く、あるいは左のももを回すなど、その感覚は様々なのですが、それによって左骨盤の動きが誘発されるということは共通です。ダウンスウィングでの正しい動きの順番は、左骨盤、続いて胴体（右わき）、それから腕、最後にクラブで、これを『キネティックチェーン（運動連鎖）』と呼びます。この動きの順番を守ると、インパクトに向かってヘッドを加速し続けることができます。

アマチュアに多いのは、順番が逆になって、手（クラブ）がいちばん最初に動いてしまい、ヘッドが加速せず、アウトサイドインになってしまうことです。

私が個人的に意識している点は、ダウンスウィング後半からフォローまでは、「左手が体の近くを通る」ように振ること。ここで手が体から離れると、手元の減速によるカウンターでヘッドを加速させられず、フェースを閉じる動きも弱くなるからです。

左骨盤から動き出し『運動連鎖』を生かしたい

左骨盤→胴体→腕→クラブという順番で動けると、ヘッドが加速する振り方になる

手やクラブを最初に動かそうとする意識が、飛距離ロスやミスにつながってしまう

インパクト

打ちたい球筋で体とクラブの動きは変わる

インパクト付近の体とクラブの動きは、どんな球筋を打つかによって変わります。ドローを打ちたいのであれば、上体は開かずに、ヘッドの入射角をシャローにして、フェースがやや開いた状態でインパクト。下半身のスライド量は多めになります。

逆にフェードを打つのであれば、下半身のスライド量は少なめで、上体を開くようにして、アウト－イン軌道でインパクトする形になります。アウト－インに振るので、入射角はきつめ（上から入る）になります。

アドレスからダウンスウィングまでの動きは、インパクトを実現するためにあります。思い描いた通りのインパクトにならない場合は、その前のダウンスウィングの動きを見直してみる。ダウンスウィングにも問題があるようなら、その前の切り返しの動きを見直してみるというように、スウィングを逆算していくと、インパクトとアドレスに明確な関連性が生まれ、途中の動きがスムーズになります。

ドローとフェード。
どちらの動きをしたいのか

ドローのインパクトは、下半身のスライド量が多く上体は開かない。ヘッドの入射角がシャローになる

フェードは、下半身のスライド量少なめで、上体が開くようなインパクト。ヘッドの入射角は上から入る

フォロースルー

打ちたい球筋によって左手の高さが変わってくる

フォロースルーは、インパクトから連続している動きなので、必ずインパクトと関連性のある形になります。

たとえば、ドローヒッターはインパクトの時点で、ヘッドがイン－アウト方向に動いているので、インパクト後はヘッドが必ずアウトサイドに抜けます。インパクトを挟んで、急にインサイドに振り抜くことは不可能ということです。フェードの場合はその逆で、インパクト後はヘッドが必ずインサイドに振り抜かれます。

また、ドロー、フェードの違いによって、フォローでの左手の高さに違いが出ます。ドローはインサイドアウトで、シャローな入射角から、アウトサイドの高いところに振り抜いていくような形になるので、左手が高くなります。反対に、フェードは、アウトサイドインでヘッドを上から入れるので、フォロースルーでの左手の位置は低くなるのです。

インパクトの動きで
フォローの動きも決まる

インパクト後の振り抜きは
ドロー、フェードによって
違う。左手の位置も変わる

左手甲の向きでフェース面を管理したい

スウィング中に、フェース面がどこを向いているか。これを、しっかり感じられると、思った通りの球筋が打ちやすくなります。ただ、実際にクラブを握っている手元と、フェース面までは距離があり、「フェース面を感じる」といっても簡単ではないことも確かです。私自身の感覚では、左手の甲の向きがフェース面の向きと「一致」しているものとして、フェース面を向けたい方向に左手甲を向けるような感覚で振っています。人によっては、それが「右手のひら」だったりしますが、そこは自分が一番感覚を出しやすい場所を見つけてもらえばいいと思います。

ダウンスウィングでは、左手の甲を地面に向けるような意識で振ると、フェースを開かずに下ろせます。インパクトは、左手甲が、概ね目標方向を向くのですが、実際は左手首が掌屈する（手のひら側に折れる）ので、真っすぐ目標方向というより、やや下向きになります。もちろん、ドローを打つ場合は、左手甲が少し右に向きますし、フェードの場合は少し左を向きます。

ダスティン・ジョンソンのように、左手をフックに握る度合いが強い人の場合は、インパクトでハンドファーストを強めることで、フェースがスクエアになります。左手甲が下向きの時間を長くすれば、フックグリップの人でも「左手甲＝フェース」の感覚で大丈夫なのです。

左手甲の向きで
フェース面を管理したい

スウィング中、フェース面の向きを感じられると、狙った弾道が打ちやすい。「左手甲」のように自分の感覚が一番出しやすい場所を探す

左手が体の近くを通ると腕と体が連動しやすい

ダウンスウィングの部分で少し触れましたが、ダウンスウィングの後半からフォローにかけて、左手ができるだけ体の近くを通るように意識して振ると、体の力を使ってボールをコントロールしやすくなります。私がスウィング中に意識するのは、ほとんどこの点だけで、あとは左手甲の向きを少し気にするくらいです。

フォローで左手を体から離さずに振るには、左腰を回して体の左側にスペースを作り、そこに左手を振っていく必要があります。そうすることで左わきが締まり、腕と体が連動した状態を保てるので、体幹の力がボールに伝わって強い打球になります。

さらに、これができると手を体の正面に保って振れる（手打ちや振り遅れになりにくい）ので、球筋の安定につながります。左腰の回転が足りないと、左手を振っていくスペースがなくなってしまうので、左手が体から離れ、左わきが空いてフェースが開きます。腕と体の一体感も失われるので、強い打球にはなりづらく、また、打球ごとにフェースの向きがバラバラになってしまうので、コンスタントな弾道を打つことが難しくなってしまいます。

**左手を体から離さずに振ると
体幹の力がボールに伝わりやすくなる**

左手が体から離れないよう意識する。左わきが締まって、腕と体が連動した状態で、クラブを振っていける

左腰の「回転」と「スライド」球筋によって違ってくる

フォローで左手を体の近くに通すには、左腰の回転が不可欠だと説明しましたが、左腰はただ回るだけでなく、目標方向へのスライドと複合して回転します。スライドの量が大きすぎると「スウェイ」ということになりますが、ある程度のスライドはどんなスウィングでも起こります。一般的に、ドローヒッターのほうがスライド量が多くなり、フェードヒッターは少なめになります。

アマチュアのスライサーの場合、スライド量が極端に少なく、いきなり左腰を回転させてしまう（左腰が引けてしまう）ケースが多いので、軌道が強いアウトサイドインになり、フェースが開いて当たります。これに対して、上級者のフェードの場合は一定のスライドが起こってから、むしろ左腰の回転は抑えめにしてクラブを左に振っていきます。

ドローヒッターの場合は、いったん、左足つま先方向にスライドしてから、左かかとに体重をかけるようにして左腰を開き、イン－アウトにクラブを振っていきます。足元の加重方向で比較すると、フェードのほうがターゲット方向に近く、ドローのほうがターゲットに対して左向きとなります（フェードは左足かかとへの加重が抑えめで、ドローのほうが左足かかとへの加重が多い）。クラブ軌道は、加重方向が開く方向になるほど、イン－アウトに振りやすくなります。

左腰は「スライド」と複合して回転する

球筋によって、左腰のスライド量は変わってくる。極端に少ないスライド量で、左腰を回してしまうのがスライサーに多い動き

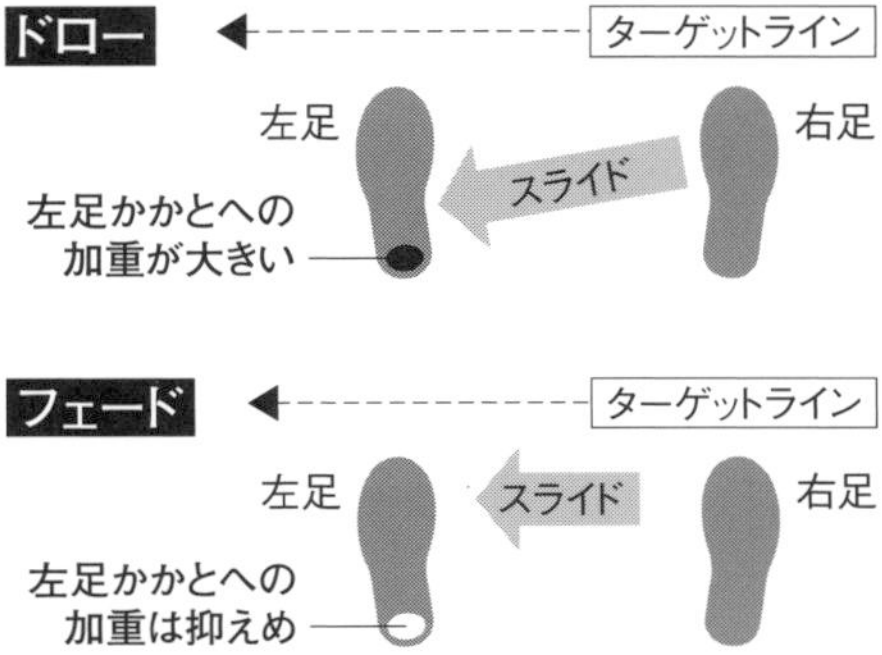

「タメが早くほどける」のは「キャスティング」が原因

アマチュアゴルファーの問題ある動きの代表格は、なんといっても「キャスティング」でしょう。ダウンスウィングでキャスティングが起こると、リリースのタイミングが早くなり、いわゆる「アーリーリリース」状態となります。日本のレッスン用語でいうところの「タメが早くほどける」、あるいは「タメのないスウィング」ということです。キャスティングによって、体幹（左手）でクラブを引っ張る力が働かなくなるので、エネルギー効率が極端に悪くなります。また、ヘッドが急激に返ってしまうので、インパクトでフェースがかぶって、左へのミスが多くなります。

キャスティングは、右手の力が強いと起こりやすく、また、切り返しでの「運動連鎖」の順番が間違っている場合も起きやすくなります。

右手の力が強い人は、アウトからクラブが下りる「オーバーザトップ」を併発しやすいため、左への引っかけや、極端なスライスが出ます。

「運動連鎖」では、左腰、胴体、腕と、下から順番に動くのが正しいのですが、切り返しで腕（手）がいきなり動いてしまうと、下半身の動きが止まって、ずっと手で下ろすしかなくなるので、タメをほどかざるを得なくなるわけです。

アーリーリリースは エネルギー効率が悪くなる

「右手の力が強い」「下から上への運動連鎖ができていない」ことで、「キャスティング」「アーリーリリース」になってしまう

キャスティングで起こっているのは、手首の伸展と屈曲の問題です。どういうことかというと、理想的にはダウンスウィングで左手首が屈曲（または掌側に折れる掌屈）し、右手首が伸展（または手の甲側に折れる背屈）して下りるのがいいですが、それが逆になってしまうということです。

たとえば、アドレスの状態から、左手首を手の甲側に曲げ、右手首を手のひら側に曲げてみてください。すると、ハンドファーストとは逆の「ハンドレート」の状態になり、フェースは極端に左を向くのがわかります。ダウンスウィングでキャスティングが起こると、インパクトではこの状態になりやすいのです。だとすれば、キャスティングを起こさないようにするには、ダウンスウィングでハンドファースト（左手が掌屈、右手が背屈）の状態を保ち、腰を回転させて、体幹の力でクラブを下ろしてくればいい、と誰でも思うでしょう。

ところが、その動きだと、今度はインパクトでヘッドが持ち上がって、ボールに届かないという問題が生じます。ずっと「タメを作ったまま」下ろすということは、言い換えると、いつまでもヘッドが「リリースされない」ということです。手元がずっと先行し続ける形になって、インパクト地点を過ぎてもヘッドが地面に落ちないので

す。つまり、手首の伸展、屈曲だけでは、キャスティングの解決には不十分だという
ことです。手首の使い方については、さらに詳しく説明したいと思います。

「左骨盤」から動ければ、タメはほどけない

「左腰」→「胴体」→「腕」と運動連鎖の順番で動かすことが、体のエネルギーをボールに伝えられるスウィングを生む

右の手首、左の手首それぞれの動かし方がある

『TPI』に出合う前から、日本と欧米のトッププロのスウィングを比較して、疑問に思っていたことがひとつありました。それは、インパクトでの手元の高さの違いです。欧米のプロのほうが、手元の位置が低く、シャフトの角度がアドレスとあまり変わらないのに対して、日本のプロは手元が比較的高めで、アドレスよりもシャフトがアップライトになって当たっているケースが多かったのです。自分でもいろいろ試してみたのですが、ダウンスウィングで手元を低く下ろそうとして、ハンドダウンの形にすると、ヘッドが持ち上がってしまい、ボールに届かなくなるのです。どうしたら、欧米のプロのように手元を低く、ヘッドも低く下ろすことができるのか、それがずっと謎でした。

この長年の疑問は、『TPI』で手首の使い方を学んだことでようやく解消されました。キャスティングの項で説明したように、タメを作ってダウンスウィングすると、

左手首は掌屈（手のひら側に折れる）、右手首は背屈（手の甲側に折れる）しますが、実は、ダウンスウィングの後半から、それに「ヒンジング」の動きがプラスされないと、正しいインパクトの形にならないのです。「ヒンジング」は、「スクリーニングテスト」（P53参照）の項目の中にあるように、拳を握って親指を立てた状態から、親指方向（サムアップ方向）と小指方向（サムダウン方向）に手首を曲げる動作のことです。剣道の「正眼の構え」（中段の構え）から、剣線（竹刀の先端の向き）を上下させる動きと考えるとわかりやすいかもしれません。これに対して、手首の伸展、屈曲方向のキャスティングは、剣線を左右に動かすのに似た動きとなります。インパクトでの左手首は、掌屈に加えてサムダウン方向にヒンジングされ、ヘッドを「下向きにリリース」することでヘッドをボールに「届かせて」います。このとき、右手首は背屈し、逆にサムアップ側にヒンジングされてクラブを支えます。つまり、これが手元もヘッドも低い位置になる秘訣だったのです。

手元が浮かずに、ボールがつかまるインパクト。手首の「掌屈」、「背屈」だけでなく、「ヒンジング」の動きも必要

それぞれの手の動きを考えてみる

左右の手首がそれぞれ相反する動きをしていると言われても、すぐには理解しづらいかもしれませんが、左右別々に考えるとわかりやすいと思います。

まず左手だけでアドレスし、サムダウン側（小指側）にヒンジングしてみます。ヘッドのトウが下がって、フェース面はターゲットより右を向いた状態になります。そこから、手首を掌屈（手の平側に折る）させると、ハンドファーストの状態になり、フェースがスクエアに戻ります。

次に、右手だけでアドレスし、ヘッドを地面に置いたまま手首をサムアップ側（親指側）にヒンジングします。ちょうど、手元を下げるイメージです。ヘッドのトウが上がって、フェースはターゲットの左を向くはずです。そこから、手首を背屈（甲側に折る）させ、ハンドファーストの状態にしていくと、やはり、フェースがスクエアに戻るのがわかると思います。

結局は、左右どちらの手首も「フェースを閉じる」、つまり「ボールをつかまえる」ために必要な動きをしているだけなのですが、それを左右同時に行うと、「掌屈＋サムダウン」（左手）と「背屈＋サムアップ」（右手）の合わせ技になるわけです。

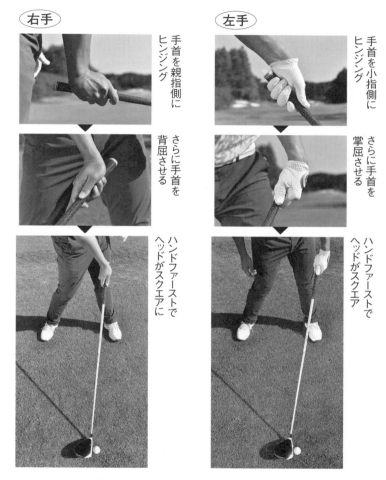

左右の手首、実はこう動く

右手

手首を親指側にヒンジング

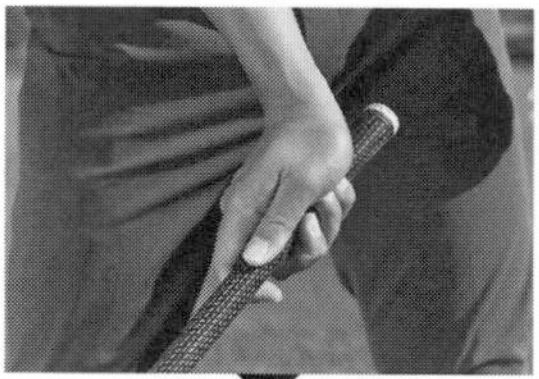

さらに手首を背屈させる

ハンドファーストでヘッドがスクエアに

左手

手首を小指側にヒンジング

さらに手首を掌屈させる

ハンドファーストでヘッドがスクエア

左手の「掌屈」、右手の「背屈」に、それぞれ、小指側、親指側の「ヒンジング」の要素を加えると、いいインパクトになりやすくなる

目指すスウィングの方向が変わってくる

手元もヘッドも低いインパクトを実現するには、実際のところ、手首の動きだけでなく、「右サイドの側屈」や、「左腰の回転」、「右骨盤の後傾」など、いくつかの要素が必要になってきます。しかし、手首がどういう動きをするのか、するべきなのかを、知っておくのとそうでないのとでは、目指すスウィングの方向が違ってくることは言うまでもありません。

「キャスティング」というと、とにかく「悪者」として扱われがちですが、その方向によっては必要な動きになるということだけは、頭に入れておくといいかもしれません。どういうことかというと、左手が小指側にヒンジングされるのもキャスティングの一種で、言ってみれば「いいキャスティング」、逆に右手が小指側にヒンジングされてしまうのは、「悪いキャスティング」ということです。また、この動きが完璧にできないからといって、真っすぐのボールが打てないというわけでもありません。

スウィングというのは、あくまでも自分のできることを積み重ねて、ベストな組み合わせを探すというのがいいと、私は考えています。

手首の動きは「立体的」にイメージしてみる

左手の「掌屈」と小指側への「ヒンジング」、右手の「背屈」と親指側への「ヒンジング」。手元が浮かずに、ハンドファーストインパクトになる

アマチュアに多いのがこの動き。右手を使ってリリースしてしまい、手の平側に折れ左手が甲側に折れる（背屈）。手元が浮き、ハンドレートの動きになってしまう

スウィング中のフェースの向きは『スウィングパス』との関係で考える

多くのゴルファーは、インパクトでのフェース向きは「スクエアでなければいけない」という思いにとらわれています。しかし、必ずしもそうでなくていいことは、すでに説明しました。

たとえば、ドローヒッターの場合、インパクトでフェースが開いているからこそ、ボールを右に打ち出すことができ、そこからドロー回転でターゲット方向に戻すということが可能になるわけです。もちろん、インパクトでフェース面がスクエア、かつ、スウィングパス（swing path スウィング軌道のこと）がストレート（インサイドイン）であれば、ボールがターゲットに対して真っすぐ打ち出されることは事実です。つまり、フェースの向きというのは、単体ではなく、『スウィングパス』との関係で考えることに意味があるといえます。

基本的な考え方として、スウィング中のフェースの向きは、スウィングパスとの関係でいつもスクエアに近い状態で動くほうが、効率のいいスウィングになりやすいと言えます。

スウィングパスに対してフェースがスクエアなら、理論的にスウィングのどのポイントで打っても、ボールはパスの方向に対して真っすぐ打ち出されます。最下点では、もちろんターゲット方向に打ち出されますし、その少し手前の、パスがまだイン－アウトになっている地点で打てば、ターゲットのやや右に打ち出されるということです。逆に、最下点を過ぎ、パスがアウト－インになってから打てば、ターゲットより左に打ち出されます。これらは、すべて「正面衝突」となり、エネルギー効率も損なわれません。

「パスの方向＝出球の方向」というベースがあることで、パスの向きやフェースの向きを微調整するだけで、狙った球筋が意図的に打てます。ところが、スウィング中に、パスに対してフェース面が極端に開いたり、かぶったりしてしまうと、インパクトポイントまでにそれを修正する動きが必要になるので、ボールコントロールが複雑になってしまうのです。

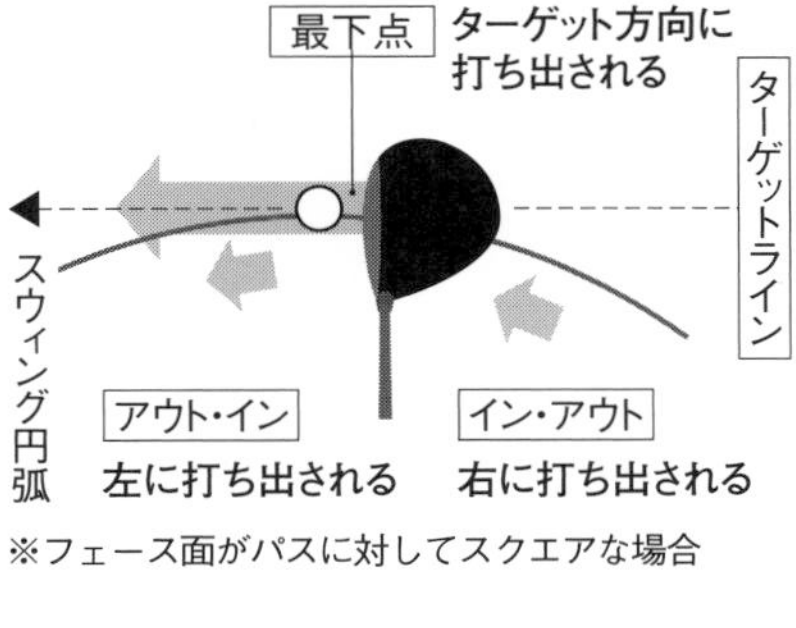

※フェース面がパスに対してスクエアな場合

『スウェイ』を止めたいなら意識するのは「腰」より「もも」

スウィングのエラーに対しては、やり方が間違っている（スウィング自体に問題がある）ケースと、体の動きに問題があるケース、あるいは両方が複合しているケースがあるということは、この本で何度も触れてきました。

ただ、一般のアマチュアゴルファーにとって、自分が抱えている問題がそのうちのどれに当てはまるのか、自分自身で判別するのは、なかなか難しいと思います。それならば、「こういう症状が出ている人は、ここが問題ですよ」というケーススタディを、症状ごとに提示してあげればいいかというと、同じ症状でも違う原因だったり、体の問題であっても人によって部位が異なったりするので、あまり「AならB」のような、ひとくくりにした論法には抵抗があります。

それでもあえて具体例をひとつだけ、「スウェイ」とその原因について、少し説明したいと思います。ご存じだとは思いますが、スウェイ（sway）というのは、英語で

「揺れる」という意味で、ゴルフのスウィングではテークバックやダウンスウィングで、腰が左右に大きくずれることを意味します。現象として「腰がずれる」わけですから、問題は「腰」にあると思うのが普通ではないでしょうか。しかし、実際は「腰を動かさないようにしよう」と、腰を意識してもあまり効果がなく、変わらず腰がずれてしまうことが多いのです。これは、「オーバースウィング」だとわかっていて、直そうとしてもなかなか直らないのと似ています。

テークバックで右ももが外旋するとスウェイ

スウェイの原因は腰自体にあるのではなく、体のほかの部位に原因があることがほとんどです。おそらくいちばん多いのは、股関節の回旋可動域が制限されている場合です。具体的に言うと、「スクリーニングテスト」の「下肢回旋テスト」で、右足を軸に右に体を回転させるのが苦手な人は、テークバックで右にスウェイしやすく、左足を軸に体を左に回転するのが苦手な人は、フォローで左にスウェイしやすい傾向があります。

テークバックの動きを、右足のももに注目して見ると、足全体が内旋（つま先が内側を向く方向に足全体を回転）していることがわかります。つまり、右股関節が上手く動かずに、右足を内旋させられず、上体の回転につられて逆に外旋してしまうと、スウェイが起こるということです。

付け加えると、テークバック時は、右ももが内旋、左ももは外旋することで、下半身の位置をずらさずに上体を回すことができます。これが逆転するとスウェイです。ですから、スウェイを止めたければ、腰よりも、もも（股関節）の動きに注目する必要があるということになります。

股関節の回旋制限はフォローの動きにも影響

テークバックで右足（右股関節）が内旋、左足（左股関節）が外旋するのと反対に、フォローでは左足が内旋、右足が外旋します。左足の内旋が苦手な人は、上体の左回転につられて左足も外旋してスウェイになったり、「ひざが割れた」状態になったりします。また、左足の内旋可動域が大きいほど、左足の位置をあまりずらさずに左腰を回せるので、フォローで「左手が体に近い」状態を作りやすくなります。左足を外旋させても、左腰は回りますが、その場合は左腰の位置のずれが大きくなるので、いわゆる「腰引け」になる可能性もありますし、左手が体と離れやすくなるというデメリットがあります。右足の外旋が苦手な場合は、体が左に回転するモメンタム（勢い）を支えきれずに、上体（重心）が左に突っ込むなどの問題が出ます。

股関節の回旋は、日常生活ではあまり意識することがない部分なので、スウィングのなかで動きが悪かったとしても、自分では気づきにくいと思います。「スクリーニングテスト」を行うと、回転可動域がわかりますので、一度試してみることをおすすめします。

たとえ、回転可動域が小さくても、どう回転させればいいのかきちんとわかっていれば、スウィングに大きな破綻をきたすことは決してありません。

両ももの「内旋」「外旋」の動きは重要だ

右ももが「内旋」、左ももが「外旋」で下半身の位置がずれない

フォローでは、右ももが「外旋」、左ももが「内旋」の動きになってくる

スウィングの動きを劇的に変化させる3つのドリル

この章のまとめとして、3つのドリルを紹介します。ロジカルなスウィングを体の動きとして再現するには、まず頭で動きの全容を理解しておく必要があります。自分の意思で、脳から指令を出して、必要な部位を思い通りに動かせるようになれば、エネルギー伝達効率の高いインパクトを実現でき、スウィングの再現性も高めることができます。

最初のドリルは、「腰から腰のスプリットハンドドリル」です。これは、インパクトゾーンでの両手首の使い方や、腕と体の関係、グリップエンド側とヘッド側の動きの関係などを覚えるのに有効なドリルです。一般的な「スプリットハンドドリル」は、スライサーに対する対症療法的な意味合いで、「フェースを返す動き」を体に覚えさせるために行うことが多いですが、ここでは手を返すというより、どこをどう動かしたらフェースをスクエアにしてインパクトできるかを知ることが主目的となります。

2つめのドリルは、「ハーフウェイバック（テークバックの途中の位置）からボールを打つドリル」です。このドリルは、切り返しからの「運動連鎖」の動きを覚えるのに最適です。運動連鎖はスウィングのコア（核）となる部分ですので、このドリルを普段の練習に採り入れることで、スウィングの質を一定に保つ、あるいは質を向上させる効果が期待できます。松山プロをはじめ、私がコーチを務めるプロたちに関しては、いつも練習でこのドリルをやってもらっています。松山プロが初めてこのドリルを試したとき、フルショットと変わらないのではないかというような、強くて高い弾道が出たのには、私も驚きました。2021年に全米オープンを制した、ジョン・ラームが、特徴的なコンパクトトップから300ヤード級のドライバーを放つ事実からも、飛距離を出すのに、トップの大きさは必ずしも必要ないということがわかります。

3つ目は、肩にクラブをあてて回転する、「ショルダーターンドリル」です。これは文字通り、肩の回転方向、回転可動域を確認しつつ、肩以外の部分をどう動かせば、肩を最大効率で動かすことができるかを知るのに最適です。

では、それぞれのドリルについて、詳しく説明していきたいと思います。

DRILL① 腰から腰のスプリットハンドドリル

インパクトゾーンでの体とクラブの動きがわかる

このドリルではまず、左手でグリップエンド部分を握り、右手は少し離してシャフトに近いところを握ります。この状態でアドレスしたら、テークバックの要領でクラブを上げ、体の右側でクラブを水平（かつターゲットラインと平行）にします。そこから、左腰のリードで体を左に回転しつつ、両手を動かしてヘッドをインパクト位置に戻してください。インパクト位置で左手は、手首を掌屈し（手のひら側に折り）ながら、小指側にも曲がっているのが正しい動きです（尺屈）。また右手は、手首を背屈し（手の甲側に折り）ながら、親指側にも曲げます（撓屈《とうくつ》）。

途中から左手が支点になり、右手でクラブの向きを変えていくようにしないと、ヘッドがインパクト位置に戻りません。いわゆる「右手が下になる動き」があると、ヘッドが遅れて、フェースが開くのがわかると思います。インパクトを過ぎたら、胸を左に回していき、胸の動きに腕がついていく感じでヘッドを左に振っていきます。

インパクトゾーンでの体、腕、クラブの動きが整ってくる

左手と右手を離してグリップ。右腰の高さまで、胸を回してテークバック

左の骨盤から始動。左手の掌屈、右手の背屈、そして「ヒンジング」を意識しながら、体を回転

左手の掌屈と小指側への尺屈、右手の背屈と親指側への撓屈を意識。ハンドファーストになる

胸を左に回し、胸の動きに腕とクラブがついていく感覚。左腰の高さまで振っていく

DRILL② ハーフウェイバックからボール打ちドリル

うまく打つには『運動連鎖』がカギになる

このドリルは、まずスタートポジションをしっかり作ることが大事です。テークバックの途中、左腕が概ね地面と平行となる地点で静止するのですが、①体幹を使って回転していること、②右股関節の内旋によって上体の回転をしっかり受け止めていること、③左肩があごの下にくる程度に肩がしっかり回っていることの3点をチェックしてください。

スタートポジションが整ったら、まず（左）骨盤から回し始めることを意識して、フォローまで一気にスウィングしてボールを打ってください。骨盤から回り始められないと、左サイドが邪魔になって回転がつっかかるので、インパクトで跳ね上がるような動きになります。最初はほとんどボールを飛ばせないかもしれませんが、それが普通なので気にする必要はありません。何度も繰り返すと、「体を動かす順番」や「ボールを飛ばすコツ」がわかってきます。

骨盤の動きを意識してボールを打つ

右股関節の内旋で、上体の回転を受け止める。ここがスタートポジション

左の骨盤から動き出し腰を回転させることで、スウィング開始

骨盤から始動し、胴体、腕、クラブの順番で動かすことでボールがつかまる

打ちドリル 目澤のお手本ショット

まずはショートアイアンで打ってみよう。どうしてもでもOK。ただし骨盤から動かすことは忘れずに！

腰が先導して
クラブが
遅れて下りる
最後に腕とクラブが
振られていく

下半身と胴体が動いた後に腕が「振られる」。それでも十分にヘッドを加速させられるのがわかる

「運動連鎖」の体を動かす順番を意識することが大切。はじめは、ボールを飛ばせなくてもいい

ハーフウェイバックボール

骨盤始動の「運動連鎖」がわかってくるこのドリル。タイミングが取りづらいようなら、肩から肩の振り幅

胸を後方に向けて
腰の高さで止める
左の骨盤から
動かしていく

左肩は十分に回し、上体のねん転を右の股関節で受け止める

左骨盤から動き出し左腰が回転することで、右わき腹が縮み最後に腕が振られる

DRILL③ ショルダーターンドリル

肩の縦回転、前傾キープの感覚がわかってくる

このドリルではドライバーを使います。アドレスの姿勢で、両手を胸の前でクロスさせ、両肩のラインに合わせてドライバーを固定します。グリップエンドを左肩付近に合わせ、右肩の先に長くクラブのヘッド側が出るようにしてください。この状態でゆっくり素振りをしていきます。

テークバックはグリップエンドがボールを指すように、肩を深く回転させ、上体の回転を右股関節できちんと受け止められているかどうかチェックしてください。左の骨盤から切り返して、ドライバーが元の位置に戻ったところでは、正面を向いた胸に対して、下半身が先行回転している状態を確認します。さらにスウィングを進めていきますが、このとき、肩のドライバーのヘッドで実際にボールを打つようなイメージで体を回転させてください。上体の回転にともなう左右の「側屈」の動きや、フォローまで上体の前傾角度を保ったまま回る感覚がわかると思います。

下半身を動かすことで上体を回転させる

左の骨盤から切り返し、下半身先行で回転。ダウンスウィングで右わき腹を縮めながら（側屈）、肩を縦回転させてインパクトに向かう感覚がわかる

ラームは、アドレスで少しだけ左腰が高い理想的な立ち方で、それがとても自然なのがいいところです（出生時の先天性の病気の影響で、右足が左足より少しだけ短いことを本人が明かしている）。コンパクトトップがスウィングの特徴ですが、それでも300ヤード級の飛距離が出るのは、左の骨盤から鋭く切り返して、クラブのラグ（体との時間差）を作っているから。ジュニア時代から肩甲骨周辺の動きが硬いという短所を逆手にとった、究極のシンプルスウィングです。プレー中によく怒っていますが、あれもメンタルを保つ技術のひとつだと思います

コラム②
世界のトップを
解説
Mezawa's
Eye

ジョン・ラーム
「背中の硬さを逆手にとった安定感抜群のスウィング」

「コーチの仕事はインプットが『10』だとすれば、アウトプットは『1』か『2』であるべきだと思っています。スウィング、体の動き、メンタル、それにマネジメントなど、ゴルフに関することは、あらゆることを頭に入れておく。ただし、プレーヤーに対しては、本当に必要なことだけを、ひとつかふたつアドバイスする。このスタンスを、私は常に心がけています」

大切なのは
目標設定

第4章

スコアをよくするための戦略を考える

ただ漫然と、練習場に行く、ラウンドする、では
なかなかスコアはよくならない。
適切な「長期的目標」、「短期的目標」を設定することが、
上達ルートにつながる

モチベーションを保つには『適切な目標設定』が絶対に必要

ゴルフに真剣に取り組み始めた頃、「いつかマスターズで優勝したい」というのが、私の目標でした。ただし、そこにたどり着くには、いくつもの段階があることもわかっていましたので、「マスターズ優勝」という大目標は念頭に置きつつも、当面、達成できそうな「小目標」を設定し、達成したら新たな小目標を立てて、それに向かって努力をするということの繰り返しでここまでやってきました。途中で、人生の大決断があり、「プレーヤーとしてマスターズ優勝」という目標が、「コーチとしてマスターズ優勝」に切り替わりましたが、それでも歩みを止めなかった結果、その大目標がこれほど早く達成できたことは、ゴルフ人生最大の喜びです。

私がもし、どうしても達成したいという目標を持てずに、ゴルフを続けていたとしたら、きっと途中でやめてしまうことになっていたかもしれません。なぜなら、短期的に見ると、ゴルフの上達というものは、スピードが遅く、努力の結果がはっきりとは目に見えにくいものだからです。

とくに、上級者になればなるほど、スコアが劇的に縮むとか、飛距離が目に見えて伸びるということが少なくなりますから、「これ以上、何を努力すればいいのか」と悩むことも多いでしょう。それでも、「もっと上達したい」、「まだまだゴルフを続けたい」というモチベーション（動機）を保つには、適切な目標設定が不可欠です。スポーツ心理学では、スポーツ選手が成功するには、長期的な目標と、短期的な目標の2つを設定して取り組むべきだとされています。たとえば、プロゴルファーの場合であれば、「プロツアー優勝」が長期的な目標だとして、そのために「パーオン率を10％上げる」といったものが、短期的な目標になり得ます。長期的な目標は、すぐには達成できなくてもよく、逆に短期的な目標は、頑張れば達成できそうなものに設定するのがポイントです。目標を達成したときの充実感は、「さらに努力しよう」というモチベーションにつながります。反対に、いつまでも目標が達成できないと、「自分には能力がないのかもしれない」といった、マイナスの感情を生んでしまい、モチベーションを保つのが難しくなってしまいます。

私自身、最初はそうした心理学の知識があったわけでもなく、たまたま「マスターズ優勝」という長期目標と、そのための短期目標を両方設定して歩んできたことが、今につながっています。一般のアマチュアゴルファーにとっても、「適切な」目標設定というのは、上達のために何より必要なものだと思います。

アマチュアにとっての「適切な目標設定」とは？

アマチュアゴルファーは、どんな目標を設定すると、上達に結びつきやすいのでしょうか。たとえば、現状、スコアで100を切れないゴルファーの場合、おそらくスウィングがまだ固まっていないケースが多いと思いますので、当面はスウィングに関する短期目標を設定して、少しずつスウィングを安定させていくことが大事です。

いつも行く練習場に、距離100ヤードのグリーンがあるとしたら、「PWで10球中7球乗せる」といった目標でもいいでしょう。アマチュアは、練習の「成果」について、意外と無頓着な人が多いようです。そもそも、100ヤード先のグリーンに、PWで10球打ったら、自分なら何回乗せられるか、具体的に把握している人は少ないのではないでしょうか。もし、練習のたびに、「技術テスト」のような感じで、PWでグリーンを狙う「10球チャレンジ」を行えば、100ヤードでのグリーンオン率が

3割しかないのか、あるいは8割程度はあるのか、現在の実力がわかります。また、「1カ月前は平均5球しか乗せられなかったのに、今は平均7球乗せられるようになった」とすれば、練習の成果があり、スウィングの精度が上がっていると判断できます。もし、PWで目標を達成できた場合には、次は7番アイアンで130ヤード先のグリーンを狙って、同じように10球チャレンジをしてみるなど、新たな目標を設定することができます。

このように、短期的な当面の目標というのは、ある意味、設定しやすい部分があるのですが、長期的な大目標はどう設定すればいいのでしょうか。同じく、100を切れないゴルファーで考えてみると、「平均90台でラウンドする」とか、「3ラウンドに1回は90を切る」といった目標を立てる人が多いかもしれません。もちろん、今は100を切れない実力でも、「いつかパープレーで回りたい」とか、「1回でいいからアンダーパーでプレーしたい」という目標でも、私はいいと思います。目標は、自分自身のもの。ほかの人が「そんな低い目標じゃ上手くなれない」とか、「あまり高望みしちゃダメだ」などと言う権利はないのですから。ただ、高い目標を設定した場合は、達成まで時間がかかることが予想されます。そこまでの道のりで息切れしないように、短期目標の設定の仕方や、練習の仕方に工夫が必要であることは、言うまでもありません。

上級者ほど必要な技術を「取捨選択」するのが上手い

多くのアマチュアは、スライスからスタートして、上手くなるにしたがってボールのつかまえ方を覚え、最終的にはスライスもフックも自分の意思で打てるようになる、というのが一般的なゴルファーの成長過程だと思われています。ですが、現実は意外にそうではなく、スライスで始まって、「スライスのまま」シングルプレーヤーになる人もたくさんいます。現在、スライスに悩むアマチュアのほとんどが、「スライスを直して、できればドローを打ちたい」と思っているかもしれません。ですが、スライスのまま上手くなった人たちは、スライスを無理に直そうとはせずに、「コントロールできるスライスを目指そう」と目標設定した人たちです。

スライスをドローにするというのは、思ったよりも大変な作業で、時間をかけてもなかなか上手くいかないことも珍しくありません。それでは、球筋を変更することに練習時間の大半を取られてしまうので、アイアンショットのコントロールだったり、アプローチ、パターの練習に割く時間が少なくなります。結果的に、全部の技術が中途半端になってしまう危険性をはらんでいるということになります。スライスのまま上手くなった人たちは、「スライスしか出ない」という、自分の技術特性を逆手にとって、スライスしてもいいからフェアウェイの幅に飛ぶように、球筋をコントロールする練習をしたはずです。元々の持ち球であるスライスを磨くのであれば、膨大な時間をかけなくても一定の成果は出しやすいので、余った時間をショートゲームに充てれば、効率的なスコアアップが見込めます。何より、このやり方の最大の利点は、実際のラウンドで、右サイドのミスだけをケアすればよくなる点でしょう。

もちろん、「スライスじゃカッコ悪い」とか、「3回に1回でいいから、ドライバーが真っすぐ飛ぶほうが楽しい」という人もいるでしょう。それもゴルフの楽しみ方のひとつですから、まったく否定はしません。自分がどういうゴルファーになりたいのか、そこまでの道のりでどういうステージを通過するのか、自分の中の「章立て」がしっかりしていれば、それでいいのです。ただ、章立てに失敗してしまうと、足踏みの時間が長くなり、いつまで経っても自分が思い描くゴールにたどり着けない可能性があることは、知っておく必要があると思います。

なぜ、すぐ上手くなる人となかなか上手くならない人がいるのか

ゴルフ歴がほとんど同じ年数で、練習やラウンドの頻度もあまり変わらないのに、上達のスピードに差があるケースがあります。上達のスピードが早い人と遅い人は、何が違うのでしょうか。ひとつには、前述したように、自分の中の「章立て」、つまり「目標設定」が上手くいっていないケースが考えられます。たとえば、スライサーAさんが、スライス脱却に長い時間を費やしている間に、スライサーBさんは、スライスを生かして上手くなる戦略で、するするとスコアアップを果たすという構図です。

そもそも、スコアメークのことを考えると、「スライスしか出ない」人のほうが、「スライスもフックも出る」という人よりも、圧倒的に有利です。まず、スライスしか出ない人の場合、ティーショットでは、右サイドのOBやハザードだけ気をつければ、割とコースの幅を広く使えます。仮に、フェアウェイの幅が20ヤードしかなかったとしても、フェアウェイの左端を狙えば、20ヤードがまるごと許容範囲になるから

です。「ラフでもいい」と割り切れば、さらに広い幅で狙えます。ところが、スライスもフックも出る人の場合は、フェアウェイ幅の20ヤードに対して、どうしてもセンターを狙っていくしかなく、左右の曲がり幅の許容範囲がそれぞれ10ヤードと狭まってしまうのです。ボールが真っすぐ飛ばなくても、「曲がる方向が一定」ということが、いかに実戦で強い武器になるか、わかると思います。

スライスを生かして上手くなろうという人は、セカンドショットの戦略も徹底しているケースが多いものです。グリーンのセンターより右にカップがある場合は、ある程度積極的にピンを狙っていきますが、左サイドのピンは絶対に狙わないでしょう。花道方向か、グリーンのセンターを狙って、グリーンオンに徹するはずです。右サイドのピンは、そもそもグリーンのセンターを狙えば、ボールがピン方向に寄っていくため、それほどリスクを伴わないので狙っていく。左サイドのピンの場合は、ピンを真っすぐ狙ったとしてもボー

スライスしか出ない人は、左サイドを狙えば、フェアウェイが広く使える。「曲がる方向が一定」は実戦で強い武器になる

ルがカップから離れていってしまうので、無理せず安全にいくということです。無理にカップ周辺にボールを止めようとすると、ピンの左側、つまり、グリーンの狭いサイドから狙う必要があり、グリーンを外すリスクが高くなります。

つまり、早く上達する人の最初の特徴として、今、「自分ができる技術でコースを攻略する」ということが挙げられます。願望が過剰投影された「仮想の自分」にプレーさせるのではなく、常に等身大の自分でプレーできるということです。

問題にぶつかるたびに「カンフル剤」を乱用していないか

上達のスピードが違う原因として、「目標設定のまずさ」以外に考えられるのは、上達が遅い人はあらゆる情報に「敏感すぎる」ということがあるように思えます。最近は、動画配信サイトにアップされているレッスン動画を観て、参考にするという人がたくさんいますが、配信されている動画のラインナップを見ると、「スライスが一発で直る」とか、「ダフリ、トップはこれで解消」といったような、ラウンド直前のワンポイントレッスン的な内容のものが多いように感じます。とくに日本のサイトは、世界でも飛び抜けてそういう動画が多いのではないでしょうか。

日本のゴルフ環境は、欧米、とくにアメリカと比べると決して恵まれているとは言えません。会社員が出勤前や退社後に気軽にコースに出かけるということは難しいですし、また、料金的な問題もあり、月の平均ラウンド数はどうしても少なくなりがちです。そうなると、たまのラウンドでとにかく「ミスを減らしたい」と考えるのは自然なことで、それが動画のワンポイントレッスンに頼ることが多くなる理由でしょう。

ですが私には、そういう「その場しのぎ」の対処法は、頭痛持ちの人が頭痛薬を乱用しているのと同じにように見えて仕方ありません。そのときだけ強い効き目を発揮しても、効果が持続しない「カンフル剤」のようなレッスンばかりに頼り続けると、問題の本質を見失ってしまい、悩みがさらに深くなる可能性は高いでしょう。

自分の持ち球でコースマネジメント

確かに、わざと極端な動きをすれば、スライサーでも一時的にボールをつかまえられるようになるかもしれません。ですが、1ラウンドの中で考えると、動きのタイミングが合わずに、結局スライスになったり、逆につかまりすぎてフックになったりすることもあるはずです。ティーグラウンドからドライバーで打つとして、いちばん右に飛ぶ可能性のある弾道の着地点と、いちばん左に飛ぶ可能性がある弾道の着地点を結ぶと、ティーアップ位置を頂点とした三角形ができますが、この三角形をいかに小さくしていくかが、コースマネジメントの第1歩と言えます。その場しのぎのやり方で、上手くいけば真っすぐ飛ぶけれど、右にも左にも曲がる状態だと、この三角形が大きくなりすぎてしまい、スコアメークどころの話ではなくなってしまうのです。上達の速い人というのは、長期的な視野に立って、スライスならスライスの根本原因に地道に向き合っていることが多いものです。結局はそれが一番の上達の近道なのだと思います。

**この三角形を
いかに小さくしていくか
が大切**

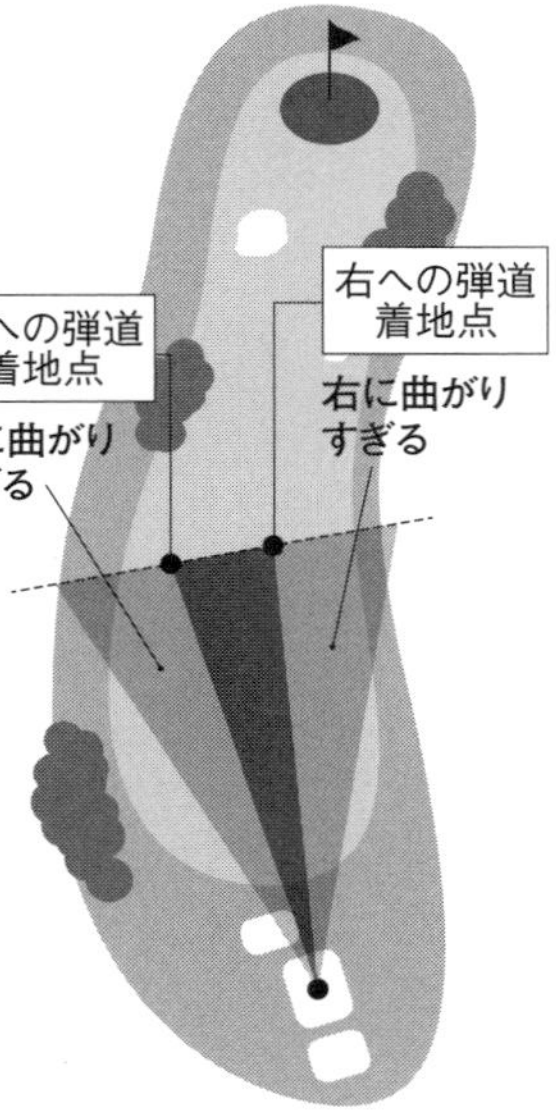

ティーショットの「狙う範囲の三角形」。右にも左にも曲がるようでは、三角形が大きくなりすぎてしまう。小さくできれば、スコアメークしやすくなる

「今の自分」を受け入れることが大切

もうひとつ、上達のスピードを分ける要因を上げるとすれば、上達の早い人ほど他人からのアドバイスにオープンマインドであるということが言えます。言い換えると、上達の遅い人ほど、「今の自分」を受け入れることができません。たとえば、「強く振りすぎている」という指摘に対して、「これでも抑えて振っている」とか、「ボール位置が左すぎる」というと、「これ以上右に置いたら打てない」といった反応が返ってくるケースです。軌道がアウトサイドインになっているとか、入射角がきつすぎるという場合も、「自分の感覚ではそうなっていない」と頑なに主張する人はいますが、今は手軽に動画を撮影して見返すことができますし、弾道計測器もあるので、納得してもらいやすくはなりました。ですが、本人のフィーリングに関する部分が絡んでくると、何を言っても受け入れてもらえないということは、経験上、珍しくありません。

コーチの立場で言うと、問題点を正しく認識してもらわないと、そこから先に1歩も進むことができません。ですから、アマチュアゴルファーをスクールで指導していたときには、「あの手この手」で伝えようとして、あるときにはスクール生の方を怒らせてしまったりしたこともありました。ゴルフに限らず、自分の欠点を認めることはなかなか難しいことです。それでも、きちんと自分の欠点と向き合える人というのは、向上心が強い人だと言えるのではないでしょうか。

大変なのは、その人にとってゴルフの「師匠」にあたる先輩ゴルファーのアドバイスに、固執してしまっている場合です。あるいは、応援しているプロゴルファーが、「雑誌でこう言っていた」からといって、そればかりを盲目的にやり続けてしまうケース。アドバイスがその人にとって、ぴったりフィットしている場合は、プラスに働くのですが、ちょっとずれたアドバイスだった場合は、それをリセットするのが難しく、何もない状態からアドバイスするより、数倍の時間と労力を必要とします。こういうときにも、最終的にいちばん説得力があるのは、「数字」だったり、「データ」といった客観的な情報です。

普段から、自分の実力を客観的なデータによって把握しようとする人は、上達が早い人です。反対に、その日の調子やフィーリングで自己評価がころころ変わってしまう人は、上達が遅い傾向にあるかもしれません。

適切な目標設定には「正しい自己分析」が欠かせない

誰にでも「得意」、「不得意」はあります。ただ実際、自分では得意だと思っていることが、実は上手くできていなかったり、苦手だと思っていても、意外に上手くできていたりするケースもよくあります。

自己評価は、客観的なデータに基づくものでないと、実際とはかけ離れてしまうことがあるので注意が必要です。自己評価が間違っていると、努力の方向も間違いやすく、目標到達までの時間が長くなってしまうリスクがあるからです。

ゴルファーでも、上級者は自己分析がしっかりしていることが多いですが、初・中級者の場合は、自分の実力を正確には把握しきれていないことのほうが多いように感じます。

たとえば、「100ヤード以内なら8、9割はグリーンオンできる」と思っている人が多いのですが、前述した、「10球チャレンジ」（100ヤード先のグリーンに10球打って、何球乗せられるかというスキルテスト）をやってみると、実は5割くらいしか乗せられなかったりします。自分では「できる」と思っていることは練習に身が入りませんから、そこで技術が停滞してしまうわけです。

ラウンドでのデータを活用したい

女子ゴルフのレジェンド、アニカ・ソレンスタムは、ジュニア時代から、ラウンドの1打、1打を細かくノートにつけて、それをパソコンの表計算ソフトに入力して分析していたといいます。記録するのは、たとえば、「1番ホールでは、残り160ヤードから5番アイアンで打って、カップから3メートルにつけた」といったような情報です。このデータが蓄積すると、番手ごとのグリーンオン率や、カップまでの残り距離の平均などがわかります。そのデータから、「9番アイアンは自分が思っているよりカップに寄っていない」とか、「3番アイアンより5番のほうが、グリーンオン率が悪い」といった『客観的な数字』によって、自分の実力が浮き彫りになるというわけです。自分の実力が正確にわかれば、次のステップに進むのはとても簡単です。この繰苦手な部分に練習時間を多く割り当てて、技術の底上げを図ればいいのです。

り返しによって、ソレンスタムは女子ゴルフ史上、最強のプロになったと言えるでしょう。

皆さんも、ソレンスタムのように、ラウンド中のデータを記録してみると、自分の思わぬ弱点が見えてきます。最近では、スマホのスコア入力アプリで、ティーショットの結果（スライス、フックなどの球筋と、OB発生の有無やバンカーに入ったかどうかなど）や、セカンドショットの使用クラブなども一緒に入力できる場合もあります。こういったものを活用して、スキルアップの課題を見つけてほしいと思います。

「ラウンド中のデータをとることで、自分の思わぬ弱点が見えてきます。その弱点を克服するための練習をしたいですね」

自己評価が低すぎても目標到達には時間がかかる

自分の実力を客観視できず、過大評価してしまうことのデメリットについては、簡単に想像がつくと思います。本当はできていないのに、「できる」と過信しているわけですから、コースでも「無謀」なチャレンジをしがち。そこでスコアを大きく崩してしまうことが頻繁に起こります。それでいて、失敗したのは実力ではなく、「たまたま」だと思い込んでしまうので、ラウンドでの失敗を反省して練習に生かすという、いいサイクルにつなげることができません。

このように、実力の過大評価も問題ですが、実は「過小評価」もあまりいい結果を生みません。プロや上級者に多いのですが、客観的に見れば十分ナイスショットなのに、本人はそれに納得できないケースです。さらにそれを引きずって調子を崩したりすることもあります。練習でも、そのショットを完璧にすることにこだわりすぎて、本来しなければいけない練習のための時間が削られてしまうケースも多いのです。

米ＰＧＡツアーでは、「ストロークゲインド」（ＳＧ）という、極めて優れたデータが提供されていて、トーナメントでラウンドが終了するたびに、数値が更新されます。客観的に見て、プレー内容がよかったのか、悪かったのかが簡単にわかるこの指標は、コーチとすれば、プレーヤーの「説得材料」として、とても重宝するものです。

「ＳＧ」は様々なことが分析できる

「ストロークゲインド」は、全ＰＧＡツアープレーヤーの過去の膨大なプレーデータから、「残り距離に対して平均何打でホールアウトするか」を割り出し、それをプレーヤーの実際の打数と比較して、ツアー平均に対して「何打稼いだか」（あるいは何打損したか）を示す指標です。たとえば、グリーン上で残り「８フィート」（約２・４メートル）からのツアー平均打数は「１・５」（つまり、カップイン率50％）ということがわかっているので、あるプレーヤーが８フィートから１パットで沈めると、ＳＧは「０・５」（ツアー平均１・５マイナス実打数１）で、２パットならＳＧは「マイナス０・５」（ツアー平均１・５マイナス実打数２）となります。パッティングでどれだけ打数を稼いだかを示す値は「ストロークゲインドパッティング」（ＳＧＰ）、パッティング以外でどれだけ打数を稼いだかを示す値は「ストロークゲインドティートゥグリーン」と呼びます。また、それ以外にも、カップまでの距離に応じて細かく分類されていて、ツアーのなかで、どの部門では（あるいはどの距離からは）、どのプレーヤーがいちばん上手いのかがひと目でわかるようになっています。

SGの指標が優れている点は、そのトーナメントの出場選手全体の平均SGを使って、データを調整することで、ちゃんとコースの難易度を加味した数値になるところです。全米オープンのような難しいコースセッティングだと、当然、どう頑張ってもSGは「－」の数値になってしまいますが、出場選手全体の平均SGも悪くなるわけですから、それを考慮したSGの値は、上位選手ほど「＋」になります。つまり、スコアが伸びずに、自分では「ダメなプレー」と感じていても、フィールド全体と比較すると、実は「いいプレー」だったということもわかるわけです。

残念ながら、SGの指標があるのは、米男子ツアーだけで、それ以外のツアーでは提供されていません。したがって、松山プロに関しては、何かあればSGのデータを活用できますが、河本プロや有村プロ、永峰プロなどに関しては、旧来の、「フェアウェイキープ率」や、「パーオン率」といった指標を使うことになります。それも重要な客観データですが、コーチとしては、「全ツアーにSGがあれば」とは思います。

客観的に自分のショットを評価

アマチュアの場合、SGのような精緻な指標を使うことは難しいですが、常に「客観的な視点」で自分のショットを評価するという習慣を身につけると、不必要にマイナス思考でプレーすることがなくなります。「完璧なショット」というのは、とくにアマチュアの場合は、イメージの中にしか存在しません。今打ったショットが「何点」だったのかは、結果で判断するしかないのです。「180ヤードしか飛ばなかったけど、ボールがフェアウェイにあるから10点満点中7点」とか、「グリーンには届かなかったけど、バンカーに入らなかったから6点」とか、様々な要素を加味しつつ、客観的に自分のショットを評価できるようになると、目標到達までの道のりを間違えにくくなります。

アマチュアゴルファーも客観的な視点で、自分のショットを評価する習慣を持ちたい。自然に、練習の課題が見つかってくる

アマチュアがまず目標にすべきは「ダボ」を避ける戦略的プレー

目標の立て方は、実現の可能性が高いもののほうが「やる気」が出ます。スコア１００前後の人が、「72で回る」という目標を立ててもいいと思いますが、すぐに実現するのは難しいので、目標達成の前に心が疲弊してしまう可能性があります。

長期的な目標と、短期的な目標。２つの目標が必要な理由はここにあります。スコア１００前後の人に、短期的な目標としておすすめなのが、「ダボ」をできるだけ回避して80〜90台のスコアを目指すことです。パー72のコースでは、18ホール全部「ボギー」ならスコアは「90」、全部「ダブルボギー」ならスコアは「１０８」です。つまり、現状「ダボペース」のゴルファーなら、ダボの数を減らすことで「１００切り」を狙えますし、なかなか「90」を切れないというゴルファーなら、やはり、ダボの数を減らすことで「90切り」が狙えるからです。

実は、「ボギー」でホールアウトすることは、思っているより難しくありません。

パー4のホールを例にとると、ティーショットは「そこそこ」でよく、そこから先も、「乗らず」、「寄らず」、「入らず」で、ボギーだからです。つまり、ボギーには「ナイスショット」がひとつも必要ありません。また、全5打のうち、たった1打のナイスショットで、パーにグッと近づきます。

では、どういうプレーだと「ダボ」になってしまうのか。いちばん大きな要因は「OB」や「池」などの罰打を伴うミスをすること、次が「バンカー」や「ラフ」などに入れてしまうことです。とくに、ティーショットは300ヤード飛ばすことより、OBを打たないことのほうがはるかに重要です。ドライバーのナイスショットが、パーやバーディにつながるかどうかは不確定ですが、OBを打った瞬間に、ダボには確実に近づいてしまうからです。OBや池を避ける戦略は、自分の球筋を理解して、「OBまでは曲がらない」ような狙い方をするか、番手を下げます。また、もし、「バンカーが苦手」なら、ティーからグリーンまで、徹底的にバンカーを避ける狙い方をするべきです。そうやって自分なりの戦略でプレーすると、現状「足りていない技術」が浮かび上がってきます。コースで見つけた自分に足りない部分を、練習で補い、それをまたコースで実践するということの繰り返しが大切なのです。

「ショートゲーム」の上達はスコアアップの一番の近道

「できるだけ早くスコアを縮めたい」ということであれば、アプローチやパター、いわゆる「ショートゲーム」の練習に時間を割くべきです。ところが、ほとんどのゴルファーはこれに気づいているにもかかわらず、実際にショートゲームをたくさん練習するのは、上級者であることが多いです。

上級者のなかでも、クラブ競技に参加して、チャンピオンを争うレベルのプレーヤーは、ショットよりショートゲームのほうが大事だということを、実感として理解していると思います。とくに、クラブ選手権、いわゆる「クラチャン」の決勝は、1対1のマッチプレーで行われるのが慣例ですから、グリーンに近づくほど1打の重さを強く感じるはずです。そもそも、ドライバーでは絶対にバーディは取れませんから、別にプロのような「スーパーショット」は必要ありません。持ち球がスライスなら、ティーグラウンドの右サイドにティーアップして、フェアウェイの左サイドを狙っていけば、スライスのままでも十分、コースを攻略できます。ところが、アプローチやパットでミスが多いと、それがホールの勝敗につながる可能性が高い。だから、ショットよりショートゲームをたくさん練習するようになるというわけです。

ショートゲームが占める割合は大きい

平均スコアが「72」のプレーヤーの場合、スコアに対してショートゲームが占める割合は単純計算で約50％。これが、平均スコア「90」のプレーヤーになると、ショートゲームの割合が、少なくとも60％にアップします。もちろん、ショットの精度を極限まで磨いていくことで、ショートゲームに頼らないスコアメークも不可能ではありませんが、トッププロでさえ、フェアウェイキープ率、パーオン率ともに70％くらいということを考えると、現実的なやり方とは言えません。また、日本の場合は、ショートゲームを練習する環境が整っていないという問題もありますが、たとえ練習場のマットの上からだとしても、たくさん練習する人とそうでない人では、実戦でかなりの差が出ることは間違いありません。結局は、「スコアアップ」という目標に対して、どれだけ真剣に「手段」を探すかによって、目標達成までの時間に差が出るのです。

アプローチやパターは自宅でも練習可能

日本は、欧米に比べると、芝から打つ練習機会が圧倒的に少なく、それがショートゲーム上達の、ひとつの「障壁」になっていることは事実です。ですが、本番さながらの練習でなくても、工夫次第でショートゲームの上達につなげることは十分可能です。

たとえば、練習用の「パターマット」を使って、自宅で毎日ボールを打つことで、想像以上にパット技術は向上します。パターマットでの練習は、カップにボールを入れることも大事ですが、それ以上に、アライメント（フェースの向きなど）の正確さや、アドレスの再現性などを重視して行うと、より効果が出ます。パッティングの場合、インパクトでのフェースの向きが、出球の方向をほぼ100%決めるので、アドレスでは「打ちたい方向に対して、フェースをスクエアに合わせる」ことが非常に重要です。プロが、練習グリーン上で糸を張ってカップまでの直線を作ったり、レーザー光を利用した器具でフェースの向きを確かめたりしているのは、アライメントの大切さをよく知っているからです。

アプローチの練習は、やわらかいゴムボールのようなものを打つ練習であれば、安全に配慮しながら、自宅でもできます。あるいは、アルミホイルをくしゃくしゃに丸めて打ってみるのもいいでしょう。この練習には、ゴルフボールではないものを打ち、素材によって異なる「打感」を体験することで「打感」に対して敏感になるという効果があります。実際のボールも、プロ仕様のスピンがかかりやすいものと、アマチュア仕様のあまりスピンがかからないものだと、最適な弾道や「落とし所」が異なり、同じ打ち方ではピンに寄せることができません。ボールに応じて打ち方を変えるというよりも、ボールの違いを感じとって、「勝手に打ち方が変わる」というのがよく、

アプローチ練習できる場所があれば最高だが、工夫をすれば自宅でもできる。ショートゲームの練習はスコアアップに即つながる

異素材のボールを打つことは、こうした感覚を磨くのに最適なのです。たとえば、ゴミ箱に、空のペットボトルを投げ入れる場合と、ゴムボールを投げ入れる場合、それに丸めた紙くずを投げ入れる場合だと、それぞれに応じて、誰でも自然に投げ方を変えるはずです。それと同じ感覚を、ウェッジで再現するのがアプローチというわけです。

米PGAツアーでは、わざわざスピンがかからないように加工したウェッジでアプローチ練習するのが、ちょっとした流行りになっていますが、これは、スピンがかからないからこそ、スピンを増やすにはどう打てばいいのか自然に工夫するようになる効果を狙っています。それによって、実際のラウンドでは、ガラスのように速いツアー仕様のグリーンに対しても、スピンで止めるアプローチが可能になるというわけです。

コーチとしていちばん大事なスキルは「コミュニケーション能力」

最後に、今現在の私自身の「目標」についてお話ししたいと思います。コーチとして、「マスターズ優勝」という目標は達成することができましたが、1度達成したから「終わり」というわけではなく、2度目、3度目のマスターズ優勝、あるいは、松山プロに続く、2人目、3人目を、海外メジャー優勝に導くというのが、長期的な目標です。

第2、第3の松山プロを生み出すために、コーチとしてやるべきことは「学びを止めない」ということに尽きると思っています。弾道計測器のような、ゴルフに関するテクノロジーは、これからもどんどん進化していくでしょうし、バイオメカニクスのような学術的な研究から、新たにわかってくることも多いと思います。それらすべてが必ずしも必要だとは思いませんが、コーチとして、プレーヤーから質問されたら答えられるくらいには、知っておく必要はあるでしょう。『TPI』では、今でも継続的にツアープロのデータが収集されていて、とてつもなく有益なビッグデータになっているわけですが、年間の会費を支払うと最新のデータにアクセスできるようになっています。情報にはお金を払うだけの価値があるというのが、アメリカの考え方で、そこが日本とは少し違うと感じます。

日本の消費者は、「物」に対して対価を支払うことには抵抗がない反面、「情報」という形のないものに対して、お金を払うのを躊躇する傾向があるように思います。高級ブランドのバッグには当たり前のようにお金を払うけれど、「ゴルフのレッスン」は動画投稿サイトで済ます、と言ったら少し大げさかもしれませんが、当たらずとも遠からずといったところではないでしょうか。

私自身は、『TPI』の年会費だけでなく、ブライソン・デシャンボーのコーチで、タイガー・ウッズのアドバイザーでもある、クリス・コモの動画チャンネルの有料会員になったり、パッティング理論で有名な、デビッド・オーの動画サイトを有料で視聴したり、プレーデータを入力・管理する「ディケイドゴルフ」のソフトを有料で利用したりと、割と情報に投資しているほうだと思います。ですが、今、いちばん興味があるのは、そうした情報をどうやってプレーヤーに伝達するか、対人間のコミュニケーション能力の部分です。ゴルフでは、物理的、理論的に正しいことが「絶対」というわけではなく、そこにプレーヤー自身の「フィーリング」が関わってきます。理論的にどんなに正しくても、プレーヤーにとって違和感のあるスウィングは長続きしないということです。したがって、コーチの仕事は、「打ち方」に関するアイデアを提供するだけでは不十分で、どうすればプレーヤーが「気持ちよく振れるか」ということを加味したアドバイスをすることが求められます。

できるだけシンプルな言葉で、そのときプレーヤーがもっとも欲している情報を伝えられるかどうかは、コーチとしてのコミュニケーションスキルにかかっていますから、その部分を今後、さらに磨いていきたいと思っています。私自身がスキルアップすることで、できるだけたくさんのプレーヤーやコーチに有益な情報を届けられるようにしたい。私個人の力は小さいですが、そうやって情報拡散することで、日本のゴルフ界がかつての勢いを取り戻し、過去何度かのブームがかすむくらい盛り上がるきっかけになったら最高だと思っています。

松山プロの素晴らしいところは、体の向きやフェースの向きなどに加えて、胸の面や両腕の面といった、スウィングの中の「面」を敏感に感じ取れることです。それによって、基本に忠実なオーソドックススウィングを、高い再現性で行えるのが最大の強みと言えます。体の柔軟性が高く、とくにトップでの肩の入り方の深さ、腰とのねん転差（Xファクター）の作り方は、間違いなく世界トップレベルです。私がコーチになってから、リズムが少し変わって、トップでのポーズ（静止）が少なくなっていますが、それでも十分な「間」がとれています

コラム③
世界のトップを
解説
Mezawa's
Eye

松山英樹
「高い精度と再現性が両立する最強スウィング」

終わりに

コーチの仕事の醍醐味は、自分のアドバイスによってプレーヤーのパフォーマンスが、明らかに「よくなった」と感じられる瞬間です。ですが、残念ながら、この時間は長くは続きません。なぜかというと、「変化」を感じられるのは、「変化している途中」だけだからです。たとえば、ある問題を抱えているプレーヤーに対して、何かひとつアドバイスするとします。新しいものにトライするのは、プレーヤーにとっても楽しい作業ですし、それが目に見えてパフォーマンスアップにつながれば、お互いにやる気も高まります。しかし、その変化はそのうち「ピーク」に達します。もちろん、変化する前の状態と比べると、確実にレベルアップしているのですが、変化し終わったことで、プレーヤーはそれを「停滞」と感じるようになってしまうのです。ここで、どういう選択をするべきか、コーチとしていちばん難しい判断を迫られる局面でしょう。

実際はただ、「いい状態」をキープしているだけなのに、その実感がないことでメンタルが傷つき、それがパフォーマンス低下につながるケースも少なくありません。そのため、「停滞」に対しては、プレーヤーもコーチも焦りを感じて、「何か新しいことをやらなければ」と思いがちです。そこでまた何かを変えることによって、さらなるパフォーマンスアップを引き出せる可能性もありますが、現状、上手くいっているものを「変える」ことについては、一定のリスクを伴います。

結局、これはやってみなければわからないことでもあるので、「答え」を出すのは難しいのですが、せっかく「いい状態」が続いているのだから、あえて「何も変えない」という勇気も必要なのではないかという気持ちが、最近は強くなってきました。

その時々の状態をきちんとプレーヤーに説明しながら、それまで取り組んできたことを、さらに深く「継続する」ということが、長い目で見ると、高パフォーマンスでプレーできる期間を長くしてくれるような気がしています。

また、一部のコーチは、新しくプレーヤーを迎えると、それ以前のスウィングを「否定」するような言動をすることがあると聞きます。私自身の信条として、「何も否定しない」ことを心がけています。実際、スウィングを「否定」するのは簡単ですが、そうやって否定されたプロの側からすると、スウィングだけでなく、それまで習っていたコーチや学生時代の恩師、その人たちと過ごした時間まで否定された気持ちになることは、容易に想像できます。プロとしての自尊心も深く傷つけられるでしょう。果たして、その状態のスタートから、本当に信頼関係を結ぶことができるのでしょうか。私は、コーチはプレーヤーの「鏡」になってあげるのがいいと思っています。いろいろな理由でスウィングに「歪み」や「ずれ」が生じたときに、それを映し出して見せてあげるというのが、その役割です。そうやって、プレーヤー自身に歪みやずれに気付いてもらい、なぜそうなってしまうのかを伝えることで、問題を解決していくやり方が私の理想です。

また、日本で「コーチ」というと、「先生」というイメージがあるからか、あるコーチに最初に指導を仰いだら、それ以外のコーチのところに行くのは「ご法度」という雰囲気が少しあります。私としては、日本的ないいところは残しつつも、もう少し、プレーヤーが自由にコーチを選べる環境があってもいいと思います。たとえば、私がコーチを務める、永峰咲希プロには、出身地の宮崎県に私とは別の先生がいらっしゃって、今でも時々相談にのってもらっていたりしますし、有村智恵プロは、「パッティングのコーチを探している」というので、私から別のコーチを紹介したりしていいます。コーチングの中身を世界基準にアップデートするのは当然として、コーチとプレーヤーの関係についても、世界基準に近づくように変えていけたらと思っています。

私は、コーチという職業を選んだことで、見えてきたことがたくさんありますし、夢のひとつをかなえることもできました。夢は、途中で、プレーヤーとしての「マスターズ優勝」から、コーチとしての「マスターズ優勝」に変わったわけですが、それは決して悪いことではなかったと思っています。学生時代からプロテスト受験まで苦しい期間が長かったのですが、『TPI』という、最新のコーチング理論に出合ったことで、ポジティブに転身できたと思っています。今現在、プロを目指している、とくにジュニアゴルファーに伝えたいのは、途中で別の道を選んだとしても、それは決して「逃げ」ではないということです。

この先、ゴルフ人生の岐路に立ったとき、本書に記したような、私自身の体験が何かしらのヒントになればと思います。また、一般のアマチュアゴルファーの皆さんには、ロジカルなスウィング構築の最初の一歩として、本書を役立てていただければ幸いです。

目澤秀憲

目澤秀憲（めざわひでのり）

1991年（平成3年）2月生まれ。東京都出身。
13歳から本格的にゴルフを始め、埼玉平成高、
日本大学でゴルフ部に所属。大学時代に受講した
「TPI（Titleist Performance Institute）」のセミナーで、
自身のゴルフ、スウィングの考え方が〝コペルニクス的転回〟。
アメリカに語学留学し、
日本人では数人しか持っていない「TPIレベル3」を取得。
プロコーチとして、伊藤誠道、宇佐美祐樹、
河本結、永峰咲希、有村智恵らを指導。
2020年、松山英樹のコーチとなり、
2021年4月のマスターズ優勝の立役者となった。

目澤MAGIC

あなたのゴルフが変わる新世代レッスン

2021年9月5日　初版発行
2021年10月14日　第2刷発行

著者　目澤秀憲
発行者　木村玄一
発行所　ゴルフダイジェスト社
〒105-8670東京都港区新橋6-18-5
TEL 03-3432-4411（代表）03-3431-3060（販売部）
e-mail gbook@golf-digest.co.jp
URL　www.golfdigest.co.jp／digest
書籍販売サイト「ゴルフポケット」で検索
印刷・製本　共同印刷株式会社

定価はカバーに表示してあります。乱丁、落丁がございましたら、
小社販売部までお送りください。送料小社負担でお取替えいたします

ISBN978-4-7728-4193-1 C2075